BIBLIOTHÈQUE

CONGRÉGATION DE NOTRE DAME

MAISON des OISEAUX

Chérand & Branlart Relieurs, Rue de la Verrerie N° 55, à Paris

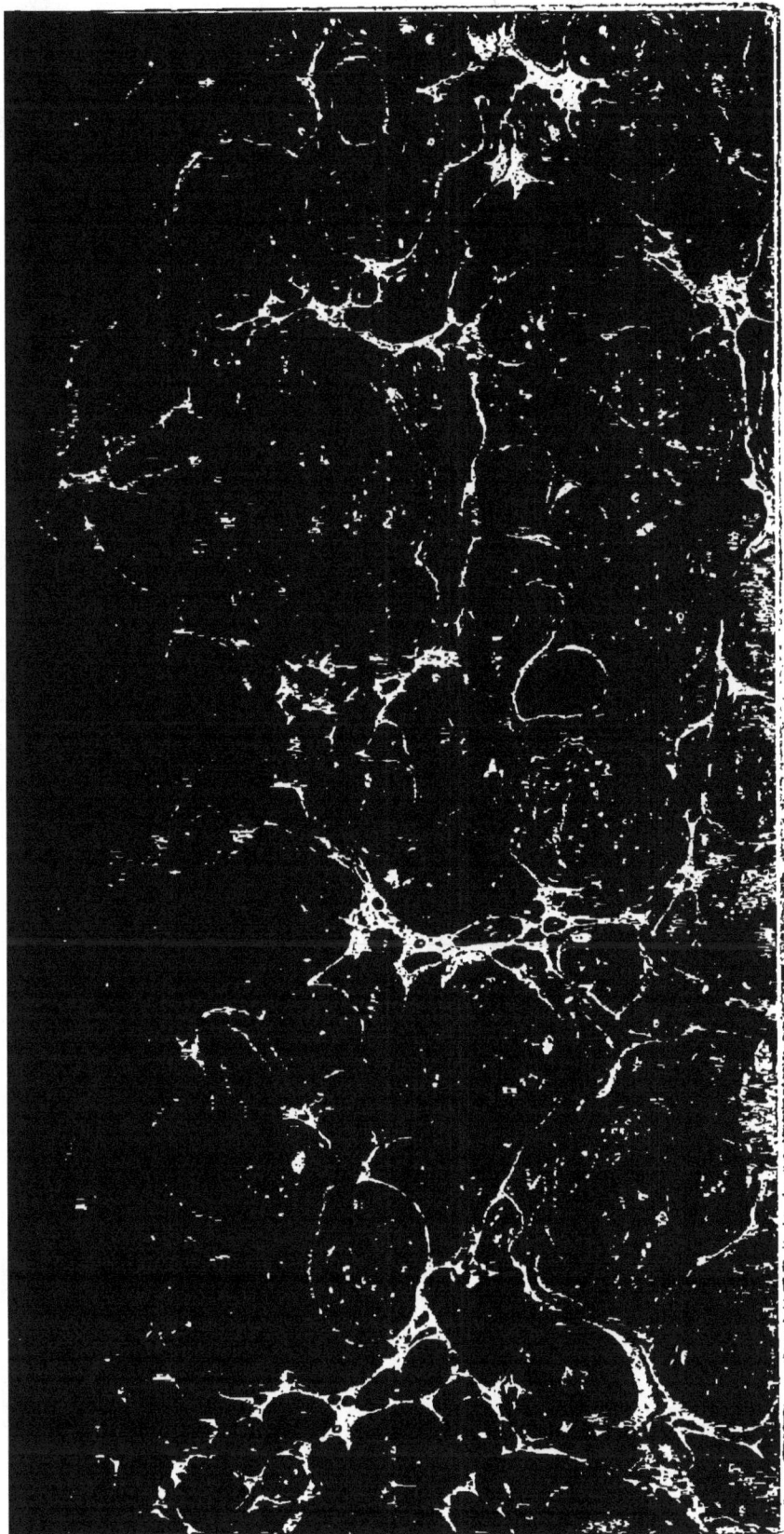

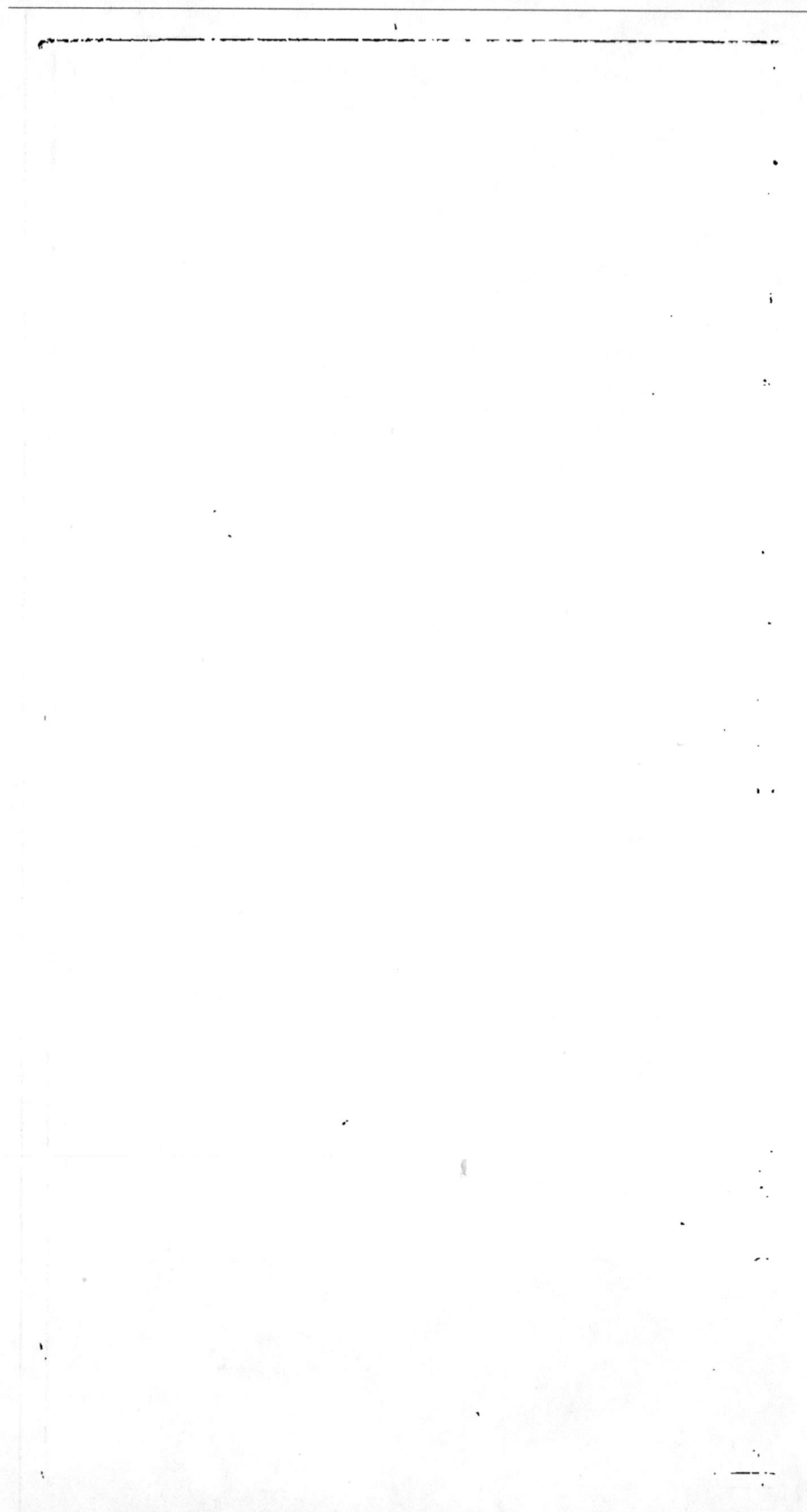

MAXIMES
SPIRITUELLES

FORT UTILES AUX
ames pieuses, pour acquerir
la presence de Dieu.

Recüeillies de quelques Manuscrits
du Frere LAURENT DE LA RE-
SURRECTION , *Religieux Con-*
vers des Carmes Déchaussez.

AVEC L'ABBREGE' DE LA VIE
de l'Auteur , & quelques Lettres
qu'il a écrites à des personnes de
pieté.

A PARIS,

Chez EDME COUTEROT , ruë saint Jacques,
au bon Pasteur ,

M. DC. XCII.

AVEC APPROBATION ET PERMISSION.

mademoiselle louise

Prevo

les Prea minal

louise Prevot

AVERTISSEMENT AU LECTEUR.

BIEN que la mort ait enlevé l'année derniere plusieurs Religieux Carmes Déchauſſez, tant Prêtres que Freres Convers qui ont laiſſé en mourant de rares exemples de toutes les vertus Religieuſes : il ſemble que la Providence a voulu qu'on aye jetté les yeux

plûtôt fur le Frere Laurent
de la Refurrection, que fur
les autres ; & voicy l'occafion dont elle s'eft fervie
pour manifefter le merite
de ce faint Religieux, qui
s'étoit étudié pendant toute fa vie de fe cacher aux
yeux des hommes, & dont
la fainteté n'a été bien re-
connuë qu'à la mort.

Plufieurs perfonnes de
pieté ayant vû la copie
d'une de fes lettres, ont
defiré d'en voir davanta-
ge : c'eft pour ce fujet
qu'on a pris foin de re-
cüeillir ce qu'on a pû de

AVERTISSEMENT.

celles qu'il avoit écrites de sa propre main, entre lesquelles on a trouvé un manuscrit qui porte pour titre *Maximes spirituelles, ou moyens pour acquerir la presence de Dieu*. Ces maximes & ces lettres sont si édifiantes, si pleine d'onction, & ont été trouvées de si bon goût par ceux qui ont eu la consolation de les lire, qu'ils n'ont pas voulu être seuls qui en profitassent. Ils ont souhaité quelles fussent imprimées, jugeant bien quelles seroient fort

AVERTISSEMENT.

utiles aux ames qui tendent à la perfection par l'exercice de la presence de Dieu ; & par ce qu'il n'est rien de plus éloquent, ni qui persuade mieux la pratique du bien que le bon exemple, on a crû que pour rendre ce petit ouvrage complet, il étoit à propos d'exposer au commencement un abbregé de la vie de l'Auteur, où l'on verra une ressemblance si juste entre les œuvres & les paroles, qu'il sera facile de connoître qu'il n'a parlé que

AVERTISSEMENT.

par fa propre experience.

Tous les Chrêtiens y trouveront de quoy s'édifier , les perfonnes engagées dans le grand monde y verront combien elles fe trompent en cherchant la paix & la felicité dans le faux éclat des grandeurs temporelles.. Les gens de bien y trouveront de quoy s'exciter à la perfeverance dans la pratique de la vertu. Les perfonnes Religieufes & fingulierement celles qui ne font point employées au falut des a-

AVERTISSEMENT.

mes, y pourront plus pro-
fiter que les autres, puif-
quelles y verront un de
leur Frere occupé comme
eux aux chofes exterieu-
res, & qui au milieu des
occupations les plus em-
barraffantes, a fçu fi bien
accorder l'action avec la
contemplation, que dans
l'efpace de plus de qua-
rante années il ne s'eft
prefque point détourné
de la prefence de Dieu,
comme on le vera plus
amplement dans la fuite
de cet Ouvrage.

Abbregé de la vie

ELOGE

DU FRERE

LAURENT

DE LA

RESURRECTION.

C'EST une verité con-
stante dans l'Ecriture,
que le bras de Dieu
n'est point racourcy, sa misericorde ne pouvant être épui-
sée par nos miseres, la puis-

A

fance de fa grace n'eft pas
moins grande aujourd'huy
qu'elle l'étoit dans la naiffan-
ce de l'Eglife. Comme il a
voulu jufqu'à la fin du monde
fe perpetuer des Saints qui luy
rendiffent un culte digne de
fa grandeur & de fa majefté,
& qui par la fainteté de leurs
exemples fuffent des modeles
de vertu, il ne s'eft pas conten-
té de faire naître dans les premiers fiecles des hommes ex-
traordinaires qui s'aquitaffent
dignement de cette double
obligation ; mais il en fufcite
encore de tems en tems qui
rempliffent parfaitement ces
deux devoirs, & qui confer-
vans en eux les prémices de
l'efprit, le tranfmettent, & le
font revivre dans les autres.

Celuy dont je fais l'éloge eſt le Frere Laurent de la Reſurrection Religieux Carme Déchauſſé, que Dieu a fait naître dans ces derniers tems pour luy rendre tous les hommages qui luy font dûs, & pour animer ſes Freres par les rares exemples de ſa pieté à la pratique de toutes les vertus.

Il ſe nomma dans le ſiecle Nicolas Herman, ſon pere & ſa mere trés-gens de bien, & qui menoient une vie exemplaire, luy inſpirerent la crainte de Dieu dés ſon enfance, & eurent un ſoin particulier de ſon éducation, ne luy propoſant que des maximes toutes ſaintes & conformes à l'Evangile.

La Lorraine qui le vit naître à Herimini l'ayant engagé dans le malheur de ses troubles, il embrassa la profession des armes, ou marchant dans la simplicité, & dans la droiture, Dieu le prévint de ses bontez & de ses misericordes.

Des troupes Allemandes qui marchoient en parti l'ayant fait prisonnier, il fut pris & traité comme un espion. Qui pourroit s'imaginer jusqu'où alla sa patience & sa tranquillité dans ces desagreables conjonctures? on le menaça de le faire pendre, mais luy sans s'effrayer répondit qu'il n'étoit pas tel qu'on le soubçonnoit, toutefois que sa conscience ne luy reprochant aucun crime, il regardoit la mort avec indifference, & sur cela les officiers le relâcherent.

Les Suedois ayant fait une incursion dans la Lorraine ; & attaqué en passant la petite ville de Rambervilliers , nôtre jeune soldat y fut blessé, & sa blessure l'obligea de se retirer chez ses parens qui n'étoient pas éloignez.

Cette avanture luy donna lieu de quitter la profession de la guerre pour en entreprendre une plus sainte , & combattre sous l'Etendart de Jesus-Christ. Ce ne furent pas de vains transports d'une devotion indiscrete qui le dégoûterent d'un état si tumultueux, ce fut par des sentimens d'une pieté veritable, qu'il prit résolution de se donner tout à

Dieu & de rectifier fa conduite
paffée. Ce Dieu de toute confolation qui le deftinoit à une
vie plus fainte, luy fit alors en-
trevoir le neant des vanitez
du monde, le toucha de l'a-
mour des chofes celeftes, mais
ces premieres impreffions de
la grace ne firent pas d'abord
tout leur effet; il repaffa fouvent en luy-même les perils
de fon engagement, les vanitez & la corruption du fiecle,
l'inftabilité des hommes, les
trahifons d'un ennemi, l'infi-
delité de fes amis, & ce ne
fut qu'aprés des reflexions vi-
ves, qu'aprés de rudes com-
bats interieurs, qu'aprés des
larmes & des foupirs, que
vaincu enfin par la force des
veritez éternelles, il prit une

ferme resolution de s'attacher
invariablement aux pratiques
de l'Evangile , & de marcher
sur les pas d'un saint Religieux
Carme Déchauffé , qui étoit
son oncle , qui luy fit connoître que l'air du monde eft con-
tagieux ; & que s'il ne frappe
pas à mort tous ceux qui le
respirent, il altere au moins ou
corrompt les mœurs de ceux
qui en suivent les maximes.

Les sages conseils de ce di-
recteur éclairé faciliterent à
Herman le chemin de la perfection, les belles dispositions
de son ame n'y contribuerent
pas peu ; ce grand sens, cette
prudence qui paroiſſoient même sur son visage luy leverent
bien-tôt toutes les difficultez
que le monde & le demon op-

posent ordinairement à ceux
qui veulent changer de vie :
cette fermeté prudente qui luy
étoit si naturelle l'y détermi-
na si genereusement, qu'il y fut
élevé en un moment & com-
me par miracle.

Cè fut en meditant les pro-
messes de son Batême, lés dé-
sordres de sa jeunesse, les mysteres de nôtre Christianisme,
& sur tout la Passion de Jesus-
Christ, à laquelle il ne pensoit
jamais qu'il ne fut sensible-
ment touché, qu'il fut changé en un autre homme, &
l'humilité de la croix luy parut plus belle que toute la gloire du monde.

Ainsi embrazé d'une ferveur
toute divine, il cherchoit Dieu
selon le conseil de l'Apôtre

dans la simplicité & dans la
sincerité de son cœur, il n'a-
voit des pensées que pour
la solitude afin d'y pleurer ses
fautes, & étant d'un âge assez
mûr pour n'avoir à se repro-
cher aucune surprise, il son-
gea plus d'une fois à se retirer, l'occasion luy en parut
favorable, comme je le vas
raconter.

Un Gentilhomme à qui la
noblesse & la valeur promet-
toient un établissement avantageux, mais qui peu satisfait
de soy-même, toûjours in-
quiet au milieu de ses riches-
ses, & persuadé que Dieu seul
pouvoit remplir l'étenduë de
ses desirs, avoit preferé la pauvreté Evangelique à tous les
tresors de la terre; s'étant jetté

dans un Hermitage pour y
goûter combien le Seigneur
eſt doux à ceux qui le cherchent en verité, nôtre Herman profita d'une ſi heureuſe
occaſion, ſon ame fatiguée enfin de la vie penible qu'elle
menoit, commença à deſirer
le repos, accompagné d'un
guide ſi fidele, rien ne l'em-
pêcha de ſe retirer dans le de-
ſert, où la force chrétienne
dont il ſe ſentoit animé, diſ-
ſipa ſes craintes, & où il s'at-
tacha à Dieu plus que ja-
mais.

Mais quoy que la vie here-
mitique ſoit excellente pour
les avancez & pour les parfaits, elle n'eſt pas ordinairement la meilleure pour les
commençans ; auſſi nôtre nou-

veau solitaire s'en aperçut-il
bien , car voyant regner tour
à tour dans son ame , la joye,
la tristesse , la paix , le trouble,
la ferveur & l'indevotion , la
confiance & l'accablement ; il
douta de la bonté de sa voye,
& il voulut entrer dans une
Congregation pour y embras-
fer un genre de vie , dont les
reglemens fondez , non sur le
fable mouvent d'une devotion
passagere , mais sur la pierre
ferme de Jesus-Christ , qui est
le fondement de toutes les
Religions , le rassurassent
contre la mobilité de sa conduite.

Effrayé neanmoins par la
vûë d'un engagement perpe-
tuel, & tenté peut-être par le
demon , il ne pouvoit prendre
A vj

ce parti : il étoit de jour en jour plus irresolu, jusqu'à ce qu'ayant prêté de nouveau l'oreille à Dieu qui l'apelloit avec tant de carresses, il vint à Paris demander l'habit religieux, le reçut parmi les convers de l'ordre des Carmes Déchauffez & fut nommé Frere Laurent de la Resurrection.

Dés le commencement de fon novitiat il s'appliqua avec beaucoup de ferveur aux exercices de la vie religieufe : fa pieté fut finguliere envers la fainte Vierge, il luy étoit fort devot, il avoit une confiance filiale en fa protection, elle étoit fon azile dans toutes les viciffitudes de fa vie, dans les troubles, & les inquietudes

dont son ame fut agitée, aussi
l'apelloit - il ordinairement sa
bonne mere. Il s'adonna particulierement à la pratique de
l'oraison , quelques grandes que fussent ses occupations , elles ne luy firent jamais perdre le tems destiné à
ce saint exercice. La présen-
ce de Dieu & la charité qui
en font les effets , furent ses
vertus les plus cheres : elles
le rendirent en peu de tems le
modele de ses connovices , &
la grace victorieuse de Jesus-
Christ luy fit embrasser avec
ardeur la penitence , & recher-
cher les austeritez que la nature fuit avec tant d'aver-
sion.

Quoyque les Superieurs des-
tinassent Laurent aux offices

les plus abjets, il ne laiſſa jamais échaper aucune plainte :
au contraire la grace qui ne
ſe rebute point de ce qui eſt
âpre & rude ; le ſoûtint dans
des emplois où tout eſt dé-
plaiſant & ennuyeux , quelque repugnance qu'il y ſentit
du côté de la nature, il les ac-
ceptoit avec plaiſir, s'eſtimant
trop heureux ou de ſouffrir
ou d'être humilié à l'exemple
du Sauveur. La prévention
que l'on avoit de ſon merite,
& l'eſtime qu'il s'étoit acqui-
ſe par les actes heroïques de
ſa vertu, obligerent le maî-
tre des novices pour éprouver ſa vocation, & la ſolidité
de ſon eſprit, à groſſir les difficultez, à le preſſer par differens emplois, & à l'entre-

prendre fur le pied d'une ame
forte ; qui bien loin de fe rebuter de cette épreuve la foû-
tint avec la fidelité qu'on en
pouvoit attendre. Ce qui parut encore dans une autre occafion où un Religieux étant
venu luy dire qu'on parloit de
le chaffer du Monaftere, voici la réponfe qu'il fit : *Ie fuis
entre les mains de Dieu, il fera de moy ce qu'il luy plaira :
je n'agis point par refpect humain, fi je ne le fers pas icy
je le fervirai ailleurs.*

Le tems de fa profeffion
étant arrivé, il n'hefita point
de fe facrifier tout à Dieu &
fans referve, je pourrois icy
raporter plufieurs belles actions qui convaincroient le
lecteur de la plenitude de fon

facrifice , & qui meriteroient
une attention particuliere ,
mais je les paffe fous filence
pour m'étendre davantage fur
les peines interieures dont
fon ame fut affligée , en partie
par un ordre de la Providence
divine qui le permettoit de la
forte pour le purifier , & en
partie auffi faute d'experience,
voulant marcher à fa façon
dans la vie fpirituelle , il
envifageoit les pechez de fa
vie paffée , & cette vûë luy
caufoit de l'horreur & le rendoit fi petit & fi méprifable
à fes yeux , qu'il fe jugeoit
indigne des moindres careffes
de l'Epoux , cependant il s'en
voyoit extraordinairement fa-
vorifé , & dans l'humble
fentiment qu'il avoit de fa

propre mifere , il n'ofoit ac-
cepter les biens celeftes qu'il
luy prefentoit, ne fçachant pas
encore que Dieu fût affez mi-
fericordieux pour fe communiquer à un pecheur tel qu'il
fe croyoit être. Ce fut alors
que la crainte de l'illufion
commença à s'emparer fortement de fon cœur , & que fon
état luy parut fi douteux qu'il
ne fçavoit plus que devenir ,
ce qui luy caufa dans la fuite
des tourmens fi terribles, qu'il
ne les pouvoit exprimer qu'en
les comparant à ceux de l'enfer.

Dans cet état fâcheux, il
alloit fouvent dans un lieu
retiré proche de fon officine,
où il y avoit une image du
Sauveur attaché à la colonne,

là le cœur affligé, & tout bai-
gné dans ses larmes, il s'épan-
choit devant son Dieu, & le
conjuroit de ne le point laisser
perir, puisqu'il mettoit toute
sa confiance en luy, & n'avoit
point d'autre intention que
celle de luy plaire.

Cependant quelque priere
qu'il fit à Dieu, ses peines ne
laisserent pas d'augmenter par
des craintes & des perplexitez
si embarrassantes, que son esprit fut tout à coup arrêté, la
solitude qu'il avoit regardée
comme un port assûré, luy parut alors comme une mer agitée de furieuses tempêtes, son
esprit allarmé ainsi qu'un vais-
seau battu des vents & de l'o-
rage, abandonné de son pilote,
ne sçavoit quel party prendre

ny à quoy se resoudre : car
d'un côté il sentoit une incli-
nation secrette qui le portoit
à se rendre au Seigneur par
une immolation continuelle
de luy-même, & d'un autre la
crainte qu'il avoit de s'écarter
de la voye ordinaire , le faisoit
resister innocemment à Dieu.
Toutes ces vûës fâcheuses à la
nature le remplissoient d'horreur, & tout luy paroissoit af-
freux ; outre cela son ame é-
toit plongée dans une telle a-
mertume & dans des tenebres
si épaisses, que ny du côté du
ciel , ny du côté de la terre, il
ne recevoit aucun secours.

Cette conduite toute rigou-
reuse qu'elle soit, est pourtant
celle que Dieu garde souvent
pour éprouver la vertu de ses

veritables serviteurs , avant
que de leur confier les inesti-
mables tresors de sa sagesse :
& c'est aussi celle qu'il a tenuë
à l'égard du Frere Laurent.

On ne peut s'imaginer jusqu'où alloit sa patience , sa
douceur , sa moderation , sa
fermeté & sa tranquilité dans
ces sortes d'épreuves, comme
il étoit humble dans ses sentimens & dans sa conduite ,
n'ayant que de petites idées de
luy-même , il n'estima veritablement que la souffrance &
les humiliations, aussi ne de-
manda-t-il que le calice du Seigneur , & on luy en fit boire
toute l'amertume.

Encore s'il eut plû à Dieu
de luy conserver quelque peu
de l'onction qu'il avoit ressen-

tie au commencement de sa
penitence ; mais non ? tout luy
fut ôté , dix années de craintes
& de troubles ne luy donne-
rent que trés-peu de relâche,
nul goût dans l'oraison , nul
adouciffement dans fes peines : c'eft ce qui luy rendoit
la vie fi pefante , & ce qui le
reduifoit à une difette fi ex-
tréme, qu'il étoit devenu comme onereux à foy-m me & ne
pouvoit fe fouffrir , de forte
que la foy feule étoit tout fon
foûtien.

Dans cette foule de penfées
differentes, & qui le reduifirent à l'extrémité , fon courage ne l'abandonna pas, au contraire dans le plus fort de fes
peines il eut toujours recours
à la priere, à l'exercice de la

presence de Dieu, à la pratique de toutes les vertus chré-
tienes & religieuses, aux auf-
teritez corporelles, aux gemif-
semens & aux larmes, à de
longues veilles paffant quelquefois presque des nuits en-
tieres devant le Trés-saint Sacrement, ou enfin un jour
faisant reflexion sur les peines
dont son ame étoit affligée, &
connoiffant que c'étoit pour
l'amour de Dieu, & par la
crainte de luy déplaire qu'il les
fouffroit, il prit une genereuse
resolution de les endurer, non-
feulement le reste de sa vie,
mais encore pendant toute l'é-
ternité s'il plaifoit à Dieu d'en
ordonner ainsi : Car, difoit-
» il, il ne m'importe plus ce
» que je faffe, ou ce que je fouf-

fre , pourvû que je demeure «
amoureusement uni à sa vo- «
lonté étant là toute mon «
affaire. «

C'étoit là justement la disposition ou Dieu le vouloit ,
pour le combler de ses graces,
aussi dés ce moment la fermeté de son cœur s'augmenta
plus que jamais , & Dieu qui
n'a besoin ny de tems ny de
beaucoup de raisonnemens
pour se faire entendre , tout
d'un coup luy ouvrit les yeux :
Laurent apperçût un rayon
d'une divine lumiere , qui é-
clairant son esprit, dissipa toutes ses craintes , fit cesser ses
peines , & les graces qu'il re-
ceut le dédommagerent bien
de toutes ses afflictions pas-
sées.

Ce fut alors qu'il éprouva ce que dit le grand saint Grégoire, que le monde paroît trés-petit à une ame qui contemple les grandeurs de Dieu, ses lettres adressées à une religieuse Carmelite ne permettant pas d'en douter, & voicy en peu de mots ce qu'elles contiennent.

» Le monde entier ne me pa-
» roît plus capable de me tenir
» compagnie, tout ce que je
» vois des yeux du corps passe
» devant moy comme des
» phantômes & des songes, ce
» que je vois des yeux de l'ame
» est uniquement ce que je de-
» sire, & de m'en voir encore
» un peu éloigné, c'est le su-
» jet de ma langueur & de
» mon tourment. Ebloüi d'un
                                    coté

côté par la clarté de ce di- «
vin Soleil de justice qui dis- «
sipe les ombres de la nuit, «
& de l'autre aveuglé par la «
bouë de mes miseres je me «
trouve souvent comme tout «
hors de moy, cependant «
mon occupation la plus or- «
dinaire, c'est de demeurer «
en la presence de Dieu avec «
toute l'humilité d'un servi- «
teur inutile, mais pourtant «
fidele. «

Ce saint exercice a fait son
caractere particulier, & l'habitude qu'il en avoit formée
luy étoit si naturelle, que comme il s'en explique luy-même
dans quelqu'une de ses lettres,
& dans ce qu'il en a écrit ailleurs, il a passé les quarante

B

dernieres années de fa vie dans un exercice actuel de la prefence de Dieu, ou bien pour me fervir de fes termes dans un entretien muet & familier avec luy.

Un Religieux à qui il ne put s'empêcher de repondre, luy ayant demandé un jour de quel moyen il s'eftoit fervy pour acquerir une habitude de la prefence de Dieu, dont l'exercice luy eftoit fi aifé & fi continuel, il répondit avec fa » fimplicite ordinaire, Dés » mon entrée en religion je » regarday Dieu comme le » terme & la fin de toutes les » penfées & affections de mon » ame. Au commencement » de mon noviciat pendant les » heures deftinées à l'oraifon,

je m'occupois à me convain- «
cre de la verité de cet Eftre «
divin, plûtôt par les lumie- «
res de la foy, que par le tra- «
vail de la meditation & du «
difcours, & par ce moyen «
court & affuré, j'avançois «
dans la connoiffance de cet «
aimable objet, avec lequel «
je formois la refolution de «
demeurer toujours. Ainfi «
tout penetré que j'eftois de «
la grandeur de cet Eftre infi- «
ni, j'allois me renfermer dans «
le lieu que l'obeïffance m'a- «
voit marquée, qui eftoit la «
cuifine. Là, Solitaire après «
avoir prevû toutes les chofes «
neceffaires à mon office, je «
donnois à l'Oraifon tout le «
tems qui me reftoit tant «
devant qu'après le travail. «

" Au commencement de mes
" occupations , je difois à
" Dieu avec une confiance fi-
" lialle , mon Dieu puifque
" vous eftes avec moy, & que
" par vôtre ordre je dois ap-
" pliquer mon efprit à ces
" chofes exterieures, je vous
" prie de me faire la grace de
" demeurer avec vous & de
" vous tenir compagnie, mais
" afin que cela foit mieux,
" mon Seigneur, travaillez a-
" vec moy, recevez mes œu-
" vres & poffedez toutes mes
" affections. Enfin pendant
" mon travail je continüois à
" luy parler familierement ,
" à luy offrir mes petits fer-
" vices & à luy demander fes
" graces : à la fin de l'action
" j'examinois de quelle ma-

niere je l'avois faite, si j'y «
trouvois du bien j'en remer- «
ciois Dieu, si j'y remarquois «
des fautes, je luy en deman- «
dois pardon, & sans me dé- «
courager je rectifiois mon es- «
prit, & recommençois à de- «
meurer avec Dieu comme si «
je ne m'en fusse point écarté. «
Ainsi me relevant après mes «
chûtes; & par la multiplici- «
té des actes de foy & d'amour «
je suis venu à un état, où «
il me seroit aussi peu possible «
de ne point penser à Dieu «
qu'il m'a esté difficile de m'y «
accoûtumer au commence- «
ment. «

Comme il experimentoit le
grand profit que ce saint exercice apporte à l'ame, il con-
seilloit à tous ses amis de s'y

appliquer avec tout le foin &
la fidelité qu'il leur feroit poffible, & pour le leur faire entreprendre avec une ferme refolution & un courage invin-
cible ; il leur donnoit des rai-
fons fi fortès & fi efficaces,
qu'il ne perfuadoit pas feulement l'efprit, mais même il
penetroit le cœur , & faifoit
aimer & entreprendre cette
fainte pratique avec autant de
ferveur, qu'on la regardoit auparavant avec indifference ;
s'il avoit le don par fes paroles de perfuader ceux qui l'ap-
prochoient, il ne l'avoit pas
moins par fon bon exemple,
il ne falloit que le regarder
pour être édifié , & pour fe
mettre en la prefence de Dieu
quelque empreffé que l'on fut.

Il appelloit l'exercice de la presence de Dieu le chemin le plus court & le plus facile pour arriver à la perfection Chrêtienne, la forme & la vie de la vertu & le grand préservatif du péché.

Il assûroit que pour se faciliter cette pratique & pour s'en former l'habitude, il ne falloit que du courage & de la bonne volonté, verité qu'il a bien mieux prouvée par les œuvres que par les paroles : car on a remarqué dans sa conduite lors qu'il faisoit l'office de cuisiner, qu'au fort d'un travail assidu & au milieu des emplois les plus dissipans, il avoit l'esprit recüeilli en Dieu. Quoique ses occupations fussent grandes & penibles, fai-

sant souvent luy seul l'office
que deux ont accoûtumé de
faire : on ne le voyoit jamais
agir avec empressement ; mais
avec une juste moderation ,
il donnoit à chaque chose le
tems qu'il luy falloit , conser-
vant toûjours son air modeste
& tranquile , travaillant sans
lenteur & sans précipitation ,
demeurant dans une même
égalité d'esprit & dans une
paix inalterable.

Il exerça cet office avec toute la charité possible l'espace
de trente ans ou environ ,
jusqu'à ce que la Providence
en ordonna autrement , un
grand ulcere luy survint à la
jambe qui obligea les Supe-
rieurs de l'employer à un office plus doux : ce change-

ment luy donna plus de loisir
pour adorer Dieu en esprit &
en verité, conformement à
son artrait, & pour s'occuper
plus parfaitement de sa pure
presence par l'exercice de la
foy & de l'amour.

Dans cette intime union
qui ne peut venir que de ces
deux vertus ; les especes des
creatures dont on ne se défait
qu'avec peine s'effacerent de
son imagination, les puissan-
ces de l'Enfer qui ne se las-
sent jamais de combattre les
hommes, n'oserent plus atta-
quer Laurent, ses passions de-
vinrent si tranquilles, qu'il ne
les ressentoit presque plus, ou
si quelquefois pour l'humilier
elles excitoient quelque petite émotion, il ressembloit

alors à ces hautes montagnes
qui ne voyent former des me-
teors qu'à leurs pieds.

Depuis ce tems là il sembla
n'avoir plus qu'un naturel fait
pour la vertu, une humeur
douce, une probité entiere
& le meilleur cœur du monde. Sa bonne phisionomie, son
air humain & affable, sa maniere simple & modeste luy
gagnoient d'abord l'estime &
la bienveillance de tous ceux
qui le voyoient : plus on le
pratiquoit, plus on découvroit
en luy un fond de droiture &
de pieté qui ne se rencontre
gueres ailleurs.

On a remarqué que l'une de
ses applications ayant été de
ne mêler aucune singularité
dans ses actions, il conserva

toujours la simplicité de la vie
commune, sans se revétir de
cet air melancolique & auste-
re qui ne sert qu'à rebuter les
gens, luy qui n'étoit pas de
ces personnes qui ne flechis-
sent jamais, & qui regardent
la sainteté comme incompati-
ble avec des manieres hon-
nestes, luy qui n'affectoit rien,
s'humanisoit avec tout le
monde, & agissoit bonnement
avec ses Freres & ses amis,
sans prétendre s'en distinguer.

Bien loin de se prévaloir des
graces de Dieu, & de faire paroître ses vertus pour s'attirer de l'estime, il s'appliquoit
singulierement à mener une
vie cachée & inconnuë ; car
comme le superbe s'étudie à
chercher tous les moyens ima-

ginables pour fe procurer une
place avantageufe dans l'efprit des hommes : on peut dire que celuy qui eft veritablement humble, fait tous fes
efforts non feulement pour é-
viter l'applaudiffement & la
loüange des creatures, mais
encore pour fe détruire dans
les fentimens honorables
quelles en pourroient avoir.
On a vû des Saints dans l'an-
tiquité qui ont fait exprés des
actions ridicules pour s'attirer
le mépris & la raillerie de
tout le monde, ou du moins
pour infpirer des doutes de la
haute idée qu'on avoit con-
çuë de leur merite, c'eft ainfi qu'en a ufé le Frere Laurent;
fon humilité que je puis ap-
peller fon caractere particu-

lier luy a fait trouver quelquefois des inventions fain-
tes, & de certaines puerilitez
apparentes pour diffimuler fa
vertu, & en cacher l'éclat; il
n'en cherchoit pas la gloire,
mais la realité; & comme il
vouloit n'avoir que Dieu pour
témoin de fes actions, auffi
ne fe propofoit-il que luy pour
fa recompenfe.

Bien qu'il fût fi refervé à
fon égard, il ne laiffoit pas
pour l'édification de fes Freres de fe communiquer; non
pas aux plus éclairez dont la
fcience & les belles lumieres
enflent fouvent le cœur, mais
aux petits & aux plus fimples,
& on a remarqué que quand
il en trouvoit de cette trem-
pe il n'avoit rien de caché pour

eux , il leur découvroit avec
une naïveté admirable les plus
beaux fecrets de la vie interieure , & les trefors de la divine fageffe. L'onction qui ac-
compagnoit fes paroles char-
moit fi fort ceux qui avoient
l'avantage de fa converfation,
qu'ils en fortoient tout pene-
trez de l'amour de Dieu , &
tout enflamez du defir de mettre en execution les grandes
veritez qu'il venoit de leur
enfeigner en fecret.

Comme Dieu le conduifoit
plus par l'amour que par la
crainte de fes jugemens, auffi
toutes fes conferences al-
loient à infpirer ce même a-
mour , à faire rompre les
moindres attaches à la creature , & à faire mourir le vieil

homme, pour établir le regne
de l'homme nouveau. Si vous
voulez, disoit-il à ses Freres,
faire un grand progrez dans
la vie de l'esprit, ne prenez
point garde aux belles paroles ni aux subtils discours des
sçavans de la terre ; malheur
à ceux qui cherchent dans la
science des hommes à satis-
faire leur curiosité, c'est le
Createur qui enseigne la verité, qui instruit en un moment le cœur des humbles,
& qui luy fait comprendre
plus de choses sur les Mysteres de nôtre foy, & sur la
Divinité même, que s'il les
avoit medité pendant une
longue suite d'années.

C'est pour cette raison qu'il
évitoit soigneusement luy-

même de répondre à ces questions curieuses qui n'abou-
tissent à rien , qui ne servent
qu'à embaraffer l'esprit & def-
feicher le cœur. Mais quand
ses Superieurs l'obligeoient à
dire naïvement sa pensée sur
les difficultez qu'on propo-
soit dans les conferences : il
répondoit si juste & avec tant
de netteté, que ses réponses ne
souffroient aucune replique.

C'est ce qu'ont remarqué
plusieurs sçavans ; tant Eccle-
siastiques que Religieux , lors
qu'ils le mettoient dans la né-
cessité de leur répondre.

C'est aussi la reflexion ju-
dicieuse qu'un Illustre Evê-
que de France a fait dans
les entretiens qu'il a eu avec
le Frere Laurent : & ce qui l'a

obligé de dire en fa faveur,
qu'il s'étoit rendu digne que
Dieu luy parla interieurement & luy découvrit fes
Myfteres, ajoûtant que la
grandeur & la pureté de fon
amour pour Dieu, le faifoit
vivre par avance fur la terre
comme un bienheureux.

Il s'élevoit à Dieu par la
connoiffance des creatures,
perfuadé qu'il étoit que les livres des plus fameufes Aca-
demies, n'apprennent que peu
de chofes en comparaifon du
grand livre du monde quand
on y fçait étudier comme il
faut : fon ame touchée par la
diverfité des parties differentes qui le compofent fe portoit à Dieu fi fortement, que
rien n'étoit capable de l'en fe-

parer. Il remarquoit en cha-
cune de ses merveilles, les
differens traits de la puissan-
ce, de la sagesse, & de la bonté du Createur, qui ravissoient
son esprit en admiration, &
enlevoient son cœur dans des
transports d'amour & de joye
qui le faisoient écrier avec le
» Prophete, ô Seigneur, ô Dieu
» des Dieux que vous êtes in-
» comprehensible en vos pen-
» sées, profond en vos desseins,
» & puissant en toutes vos ac-
» tions.

Il écrivit des choses si re-
levées & si tendres, tant sur
les grandeurs de Dieu, que
sur les communications inef-
fables de son amour avec les
ames, que ceux qui ont vû
quelques feüilles détachées

de ses écrits (qu'il ne prêtoit
qu'avec peine , & à condition de les luy rendre au plûtôt) en estoient si charmez &
si édifiez , qu'ils n'en parloient
qu'avec admiration , mais
quelque soin qu'il eût de les
cacher , cette exactitude n'a
pas empêché d'en recueillir
quelques fragmens , qui nous
ont fait regreter les autres :
car si l'on peut juger de tout
ce qu'il avoit fait par le peu
qui nous reste de ses lettres
& de ses maximes , on a
tout lieu de croire comme
il l'a declaré luy-même à
un de ses amis , que ses petits ouvrages n'estoient à proprement parler que des effu-
sions du Saint Esprit , & des
productions de son amour , il

les exprimoit quelquefois fur
le papier , mais comparant
ce qu'il venoit d'écrire , avec
ce qu'il experimentoit au dedans, il le jugeoit fi inferieur
& fi éloigné des hauts fentimens qu'il avoit de la grandeur & de la bonté de Dieu ,
qu'il fe trouvoit fouvent obligé de les dechirer à l'heure
même , il les dechiroit dau-
tant plus volontiers qu'il ne
les avoit écrits que pour fe
foûlager de fa plenitude, pour
donner éffort à fon efprit , &
pour dilater fon cœur & fa
poitrine , qui eftoient trop
étroits pour contenir le feu
divin qui le devoroit & qui
le faifoit fouffrir étrangement;
femblable à un baffin qui ne
pouvant contenir fes eaux

cherche à les répandre, ou
bien à un lieu souterain qui
ne pouvant arrêter la violence du feu qu'il renferme est
forcé de luy donner une issuë
& de luy faire un passage.

Entre les vertus qui ont
excellé dans le Frere Laurent,
une des principales a été la
foy, comme le juste vit de
cette vertu Theologique, elle étoit la vie & la nourriture de son esprit, elle donnoit
un tel accroissement à son a-
me, qu'il faisoit à vuë d'œil
de grands progrez dans la
vie interieure, c'étoit ce te belle vertu qui luy avoit mis le
monde entier sous les pieds,
& qui l'avoit rendu si mepri-
sable à ses yeux, qu'il l'esti-
moit indigne d'occuper la

moindre place dans son cœur,
c'étoit la foy qui le condui-
soit à Dieu, & qui l'élevant
au dessus de toutes les choses créees luy faisoit chercher
uniquement son bonheur dans
la possession de luy-seul, elle
étoit sa grande maîtresse, l'en-
seignoit plus elle seule que la
lecture de tous les livres en-
semble.

C'étoit elle qui luy donnoit
cette haute estime de Dieu,
cette grande veneration pour
les sacrez Mysteres, specialc-
ment pour le tres-Auguste Sacrement de nos Autels où le
Fils de Dieu reside comme un
Roy, & auquel il étoit si af-
fectionné, qu'il passoit plusieurs heures tant de jour que
de nuit à ses pieds pour luy

rendre ses hommages & ses adorations. Cette même foy luy donnoit un profond res-pect pour la parole de Dieu, pour l'Eglise & ses saintes or-donnances , pour ses Supe-rieurs ausquels il obeïssoit comme aux Vicaires de Je-sus-Christ. Enfin il croyoit avec tant de certitude les ve-ritez que la foy nous propo-se qu'il disoit souvent ; tous «
les beaux discours que j'en- «
tens faire de Dieu , ce que «
j'en peux lire moy-même «
ou ce que j'en peut sentir «
ne me sçauroit contenter ; «
car étant infini dans ses per- «
fections, il est par consequent «
ineffable , & il n'y a point «
de termes assez energigiques «
pour me donner une idée «

» parfaite de fa grandeur, c'eſt
» la foy qui me les découvre
» & qui me le fait connoître
» tel qu'il eſt, j'en apprends
» plus par fon moyen en peu
» de tems, que je n'en ap-
» prendrois en pluſieurs an-
» nées dans les ècolles. S'è-
» criant, il diſoit, ô la foy,
» ô la foy, ô vertu admirable!
» qui éclaire l'eſprit de l'hom-
» & qui le conduit à la con-
» noiſſance de fon Createur,
» aimable vertu que tu es peu
» connuë, & encore moins
» pratiquée, bien que ta con-
» noiſſance foit ſi glorieuſe &
» ſi profitable.

De cette foy vive naiſſoit
la fermeté de fon eſperance
en la bonté de Dieu, une
confiance filialle en fa providence,

dence, un abandon total &
univerfel de luy-même entre
fes mains, fans fe mettre en
peine de ce qu'il deviendroit
aprés fa mort, comme on le
pourra remarquer tantôt plus
amplement lorfque nous par-
lerons des fentimens qu'il eut
dans fa derniere maladie, il
ne fe contenta pas pendant la
plus grande partie de fa vie,
de fe repofer de fon falut fur
la puiffance de fa grace & fur
les merites de Jefus-Chrift ;
mais s'oubliant de luy-même
& de tous fes interefts ; il fe
jetta, comme dit le Prophete à corps perdu entre les bras
de fa mifericorde infinie. Plus
les chofes luy paroiffoient de-
fefperées, plus il efperoit ; femblable à un rocher qui étant

C

battu des flots de la mer, s'af-
fermit davantage au milieu de
la tempête, ainſi que nous l'a-
vons déja remarqué dans les
peines interieures que Dieu
luy envoya peu de tems aprés
ſon entrée en Religion, pour
faire une épreuve de ſa fidelité. Si dans la penſée de ſaint
Auguſtin la meſure de l'eſperance fait la meſure de la grace, que dirons-nous de celle
que Dieu a communiquée au
Frere Laurent? luy qui eſpe-
roit, comme dit l'Ecriture contre l'eſperance; c'eſt pour cette raiſon qu'il diſoit, que la
plus grande gloire que l'on
pouvoit donner à Dieu, c'é-
toit de ſe défier entierement
de ſes propres forces, & de
ſe confier parfaitement dans

fa protection ; parceque c'eſt
par là que l'on fait un aveu
ſincere de ſa propre foibleſſe,
& une confeſſion veritable de
la Toute-puiſſance du Createur.

Comme la Charité eſt la
reine & l'ame de toutes les
vertus, qui leur donne par
une ſuite neceſſaire le prix &
la valeur, il ne faut pas s'é-
tonner ſi celles que poſſedoit
le Frere Laurent étoient par-
faites, puiſque l'amour de Dieu
regnoit ſi parfaitement dans
ſon cœur, qu'il avoit tourné,
comme dit ſaint Bernard, toutes ſes affections du côté de
ce divin objet, ſi la foy luy faiſoit regarder Dieu comme la
verité ſouveraine, & ſi l'eſperance luy faiſoit enviſager,

C ij

comme fa fin derniere & fon
bonheur accompli ; la charité le faifoit regarder comme
le plus parfait de tous les êtres,
ou, pour parler plus jufte, la
perfection même , bien loin
de l'aimer par raport à luy-
même, fa charité étoit fi def-
intereffée, qu'il eut aimé Dieu,
quand même il n'y auroit point
eu de peine à éviter, ny de
recompenfe à attendre; ne voulant que le bien & la gloire
de Dieu, & faifant tout fon
paradis de l'accompliffement
de fa fainte volonté, comme
on le verra dans l'extremité
de fa maladie, où il eut l'efprit fi libre jufqu'au dernier
foûpir, qu'il expliqua les fentimens de fon cœur, comme
s'il eut été dans une fanté par-

faite. La pureté de fon amour
eftoit fi grande, qu'il fouhai-
toit, s'il eût efté poffible, que
Dieu n'eût point apperçu les
actions qu'il faifoit pour fon
fervice, afin de les faire uniquement pour fa gloire & fans
aucun retour fur luy-même,
cependant il fe plaignoit a-
moureufement & difoit à fes
amis, que Dieu n'en laiffoit
paffer aucune fans les récom-
penfer auffi-tôt au centuple,
luy donnant fouvent des
goûts & des fentimens de fa
Divinité, qui eftoient fi grands,
qu'il en eftoit quelquefois
comme accablé ; ce qui luy
faifoit dire avec fon refpect &
fa familiarité ordinaire : c'eft «
trop Seigneur ! c'eft trop «
pour moy, donnez s'il vous «

» plaiſt ces ſortes de faveurs
» & ces conſolations aux pé-
» cheurs, & à ces gens qui ne
» vous connoiſſent point, afin
» de les attirer par là à vôtre
» ſervice; Car pour moy qui
» ay le bonheur de vous con-
» noître par la foy, il me ſem-
» ble que cela me devroit ſuf-
» fire, mais parce que je ne
» dois rien refuſer d'une main
» auſſi riche & auſſi liberale
» que la vôtre : j'accepte mon
» Dieu les faveurs que vous
» me faites, ayez pour agréa-
» ble s'il vous plaiſt, qu'aprés
» les avoir reçuës, je vous les
» rende telles que vous me les
» avez données, car vous ſça-
» vez bien que ce n'eſt pas vos
» dons que je cherche & que
» je deſire : mais c'eſt vous-

même : & que je ne peux me «
contenter de rien moins. «
Cette pureté d'amour & ce
desintereſſement ne ſervoient
qu'à embrazer davantage ſon
cœur & à augmenter les flâm-
mes de ce feu divin , dont les
étincelles rejailliſſoient quelquefois au dehors : car bien
qu'il fit tous ſes efforts pour
cacher les grandes impetuoſi-
tez de l'amour divin qui le
brûloient au dedans ; il n'eſtoit
pas quelquefois en ſon pouvoir d'en arrêter les ſaillies ,
& on l'a vû ſouvent contre ſon
intention le viſage tout en-
flammé. Mais quand il eſtoit
en ſon particulier il laiſſoit a-
gir la plenitude de ſon feu ,
& s'écrioit à Dieu , donnez «
Seigneur plus d'étenduë & «

» plus d'ouverture aux facul-
» tez de mon ame, afin que
» je puiſſe davantage donner
» lieu à vôtre amour, ou bien
» ſoûtenez-moy par vôtre ver-
» tu toute-puiſſante, car au-
» trement je ſeray conſumé
» par les flammes de vôtre
» charité.

Il diſoit fort ſouvent à Dieu
dans l'entretien qu'il avoit a-
vec ſes Freres, en regrettant
le têms qu'il avoit perdu dans
ſa jeuneſſe, bonté ſi ancienne
& ſi nouvelle je vous ai aimé
trop tard. N'en uſez pas ainſi,
mes Freres, vous êtes jeunes,
profitez de la confeſſion ſincere que je vous fais du peu de
ſoin que j'ai eu d'employer
au ſervice de Dieu mes premieres années, conſacrez tou-

tes les vôtres à son amour :
car pour moy si je l'avois connu plûtôt , & si l'on m'avoit
dit les choses que je vous dis
presentement , je n'aurois pas
tant tardé à l'aimer : croyez
& comptez pour perdu tout
le têms qui n'est pas employé
à aimer Dieu.

Comme l'amour de Dieu
& l'amour du prochain n'est
qu'une même habitude , jugez de la charité qu'il avoit
pour son prochain par celle
qu'il avoit pour Dieu , persuadé qu'il estoit de ce que dit
Nôtre-Seigneur dans l'Evangile , que le moindre service
qu'on rend aux plus petits de
ses Freres , il le tient fait à
luy-même. Il avoit un soin
tout particulier de les servir
C v

dans tous les offices qu'il a
exercé, fpecialement lors qu'il
eftoit employé à la cuifine,
où prevoyant tout ce qui eftoit
neceffaire à la fubfiftance des
Religieux, & conformement
à la pauvreté de leur état, il
fe faifoit un plaifir de les contenter comme s'ils euffent été
des Anges. Charité qu'il a inf-
pirée à tous ceux qui luy ont
fuccedé dans cet employ.

Il affiftoit les pauvres dans
leurs befoins autant qu'il eftoit
en fon pouvoir. Il les confo-
loit dans leurs afflictions, il
les aidoit de fes confeils,
il les excitoit à gagner le Ciel
en même têms qu'ils travail-
loient pour gagner leur vie,
& pour tout dire en peu de
mots, il faifoit à fon prochain

tout le bien qu'il pouvoit, &
jamais mal à personne. Il se
faisoit tout à tous pour les gagner tous à Dieu.

Comme dans le sentiment de
S. Paul, la charité est patiente,
qu'elle triomphe de toutes les
difficultez, & qu'elle souffre
tout pour l'amour de celuy
qu'elle aime : Peut-on douter
de la patience du Frere Laurent dans ses infirmitez, luy
qui aimoit Dieu tres-parfai-
tement ? En effet si dans la
pensée du même Apôtre la
patience a ce beau rapport a-
vec la charité, que comme
celle-cy est le lien de la perfection, celle-la est un ouvrage parfait *opus perfectum habet* :
en faut-il davantage pour nous
convaincre de l'état parfait où

Dieu a élevé le Frere Laurent, c'eſt ce que nous allons voir dans la pratique de ces deux vertus au milieu des maladies tres-ſenſibles dont il a plû à Dieu l'affliger ; car ſans parler icy d'une eſpece de goûte ſciatique (qui l'avoit rendu boiteux) qui l'a tourmenté environ vingt-cinq ans , & qui ayant dégeneré enſuite dans une ulcere à la jambe, luy cauſa des douleurs tres-aiguës; je m'arrête principalement à trois grandes maladies que Dieu luy a envoyées les dernieres années de ſa vie pour le preparer à la mort , & le rendre digne de la recompenſe qu'il luy deſtinoit. Les deux premieres le reduifirent à l'extremité, mais il

les endura avec une patience
admirable, & conserva au milieu de ses souffrances la mé-
me égalité d'esprit qu'il avoit
eu dans la santé la plus vi-
goureuse; dans la premiere, il
témoigna avoir quelque desir
de la mort lors que parlant
au Medecin, & sentant dimi-
nuer sa fiévre, il luy dit. Ah
Monsieur vos remedes réüsis-
sent trop bien pour moy, vous
ne faites que retarder mon
bonheur : dans la seconde, il
parût n'avoir aucune inclina-
tion, il demeura dans une entiere indifférence de la vie &
de la mort, resigné parfate-
tement aux ordres de Dieu,
& aussi content de vivre que
de mourir, il ne voulut que ce
qui plairoit à sa divine Pro-

vidence d'en ordonner : mais
dans la troisieme, qui a separé
son ame de son corps pour
la réünir à son bien aimé dans
le Ciel, je puis dire qu'il y a
donné des marques d'une con-
stance, d'une resignation, &
d'une joye toute extraordi-
naire : comme il y avoit long-
tems qu'il soûpiroit aprés ce
bienheureux moment ; quand
il le vit arrivé, il en conçût
beaucoup de satisfaction : la
vûë de la mort qui effraye, &
qui jette les plus hardis dans
la derniere consternation, ne
l'intimida point du tout, il la
regarda d'un œil assûré, & on
peut dire qu'il l'a bravée : car
ayant vû la pauvre couche
qu'on luy avoit préparée, &
ayant oüi dire par un de ses

amis , c'est fait de vous , Frere Laurent il faut partir , il
est vray répondit il , voila le
lit de ma mort: mais quelqu'un
me suivra bien-tôt qui ne s'y
attend gueres , ce qui arriva
effectivement comme il l'avoit
prédit : car quoyque ce Frere fût en parfaite santé , il tomba malade le lendemain , &
mourut le même jour que le
Frere Laurent fût inhumé , &
le Mercredy suivant fût enter-
ré dans la même fosse ; il semble que la charité qui avoit
uni ces deux bons Freres pendant la vie , ne voulut pas
qu'ils fussent separez à la mort;
puisqu'il ne se trouva alors
point d'autre place que celle-
là dans la sepulture commune.

Il y avoit déja quatre ou

cinq mois qu'il avoit dit à plufieurs perfonnes qu'il mour-
roit avant la fin du mois de
Février, il écrivit deux lettres
à quinze jours l'une de l'autre à une Religieufe du faint
Sacrement , finiffant fa premiere, il dit fes mots, adieu j'efpere de le voir bien-tôt. Et
la feconde , dattée du fixieme
Février, qui fût la furveille
qu'il tomba malade, il finit fa
lettre par fes paroles, adieu
j'efpere de fa mifericorde la
grace de le voir dans peu de
jours.

  Le m^{e}me jour qu'il demeura alité, il dit à un Religieux
de fes confidens, que fa maladie ne feroit pas longue, &
qu'il partiroit au plûtôt de ce
monde; il eftoit fi fûr du jour

de sa mort, que le lendemain qui estoit le Vendredy , il parla plus précisément, & dit à un Religieux qu'il mour- roit le Lundy suivant, ce qui arriva.

Mais revenons à la constan- ce qu'il fit paroître dans sa maladie avant que de marquer les circonstances de sa mort, & les derniers sentimens qu'il eût dans cette extremité , le seul desir qui luy resta, ce fût de souffrir quelque chose pour l'amour de Dieu, & qui luy fit reïterer ce qu'il avoit dit plusieurs fois pendant sa vie , qu'il n'avoit qu'une peine , qui estoit celle de n'en point avoir ; *qu'il se consoloit de ce qu'il y avoit un Purgatoire , & que là au moins il y souffri-*

roit quelque chofe pour la fatis-
faction de fes pechez, mais en
ayant trouvé l'occafion favorable dés cette vie, il ne l'a
laiffa pas échaper, il fe fit tour-
ner exprés du côté droit, &
comme il fçavoit que cette
fcituation luy eftoit extrêmement penible, il y voulut demeurer pour contenter le defir ardent qu'il avoit de fouffrir. Un Frere qui le veilloit
voulut le foulager un peu :
mais il luy répondit par deux
fois, je vous remercie mon
cher Frere, je vous prie laif-
fez-moy un peu fouffrir pour
l'amour de Dieu ; dans cet
état penible il difoit avec ferveur, mon Dieu je vous adore
dans mes infirmitez, c'eft donc
à ce coup, ô mon Seigneur,

que je souffriray quelque chose pour vous , à la bonne heure soit, que je souffre & que
je meure avec vous , puis il
répetoit souvent ces verses
du Pseaume cinquantiéme , *cor*
mundum crea in me Deus . ne
projicias me à facie tua , red-
de mihi lætitiam salutaris tui,
&c. les douleurs qu'il res-
sentit dans cette posture à
cause d'un point au côté droit
causé par une pleuresie estoient
si étranges , qu'il seroit mort
indubitablement si l'Infirmier
qui arriva à propos s'en estant
apperçu, ne l'eût changé prom-
ptement de l'autre côté , & ne
luy eût rendu la respiration libre par ce changement. Il
estoit si passionné des souffrances, qu'elles faisoient tou-

te fa confolation , il n'a jamais paru avoir un moment
de chagrin dans la plus grande violence de fon mal , fa joye
paroiffoit non feulement fur
fon vifage , mais encore dans
fa maniere de parler , ce qui
obligea des Religieux qui l'al-
loient ,vifiter à luy demander
fi effectivement il ne fouffroit
point : pardonnez-moy leur
dit-il , je fouffre , ce point que
j'ay au côté me bleffe , mais
mon efprit eft content : mais
mon Frere luy ajoûterent-ils,
fi Dieu vouloit que vous fouf-
friffiez ces douleurs l'efpace
de dix ans, en feriez-vous fa-
tisfait ? je le ferois dit-il , non
feulement pour ce nombre
d'années ; mais fi Dieu vouloit
que j'enduraffe mes maux juf-

qu'au jour du jugement j'y
confentirois volontiers, &
j'efpererois encore qu'il me feroit là grace d'eftre toûjours
content. Voila qu'elle fût la
patience du Frere Laurent au
commencement & dans le pro-
grés de fa maladie qui ne dura que quatre jours.

Mais l'heure de fon départ
de ce monde s'approchant, il
redoubla fa ferveur : fa foy de-
vint plus vive , fon efperance plus ferme, & fa charité
plus ardente. On peut juger de
la vivacité de fa foy par fes ex-
clamations frequentes , qui
marquoient l'eftime toute finguliere qu'il faifoit de cette
vertu , ô la foy, la foy difoit-
il , exprimant plus par là fon
excellence que s'il en eût dit

plufieurs chofes , penetré de
fa grandeur & éclairé de fes
lumieres, il adoroit Dieu fans
ceffe, & difoit que cette adoration eftoit paffée chez luy
comme en nature, il dit une
fois à un Religieux qu'il ne
croyoit prefque plus la refi-
dence de Dieu dans fon ame ,
mais que par le moyen de cette foy lumineufe il voyoit déja quelque chofe de cette prefence intime. La fermeté de
fon efperance n'a pas moins
paru, fon intrepidité eftoit fi
grande dans un paffage où tout
eft à craindre , qu'il dit à un
de fes amis qui le oueftionoit
fur cet article, qu'il ne craignoit ni la mort , ni l'enfer ,
ni les jugemens de Dieu, ni
tous les efforts du démon ,

qu'à la verité il le voyoit aller
& venir au tour de son lit,
mais qu'il se moquoit de luy.
Comme on prenoit plaisir à
l'entendre dire des choses si
édifiantes : on continua de luy
faire des questions, on luy de-
manda s'il sçavoit que c'est
une chose terrible de tomber
entre les mains d'un Dieu vivant, parce que qui que ce
soit ne sçait assûrement s'il est
digne d'amour ou de haine :
j'en conviens, dit-il, mais je
ne voudrois pas le sçavoir,
car je craindrois d'avoir de la
vanité, il poussa son abandon
si loin que s'oubliant de luy-
même, & n'envisageant que
Dieu & l'accomplissement de
sa volonté; il disoit, oüy, si
par impossible on pouvoit ai-

mer Dieu en enfer, & qu'il
voulut m'y mettre, je ne m'en
foucierois pas : car il feroit
avec moy & fa prefence en
feroit un Paradis ; je me fuis
abandonné à luy, il fera de
moy tout ce qu'il luy plaira.

S'il a tant aimé Dieu pendant fa vie, il ne l'aima pas
moins à fa mort, il faifoit con-
tinuellement des actes d'a-
mour, & un Religieux luy
ayant demandé s'il aimoit
Dieu de toute l'étenduë de
fon cœur, il répondit ; ah fi
» je fçavois que mon cœur
» n'aimât pas Dieu, je l'arra-
» cherois tout prefentement.
Son mal augmentant à vûë
d'œil, on luy apporta tous les
Sacremens qu'il reçut avec
joye, dans une pleine connoiffance

fance & un jugement fain qui
luy dura jufqu'au dernier foûpir. Bien qu'on ne l'abandonna pas d'un moment jour &
nuit, & qu'on luy donna tous
les fecours qu'il pouvoit attendre de la charité de fes Freres, on le laiffa pourtant repofer un peu pour profiter des
derniers moments de la vie qui
font fi précieux , & refléchir
fur la grande grace que Dieu
luy venoit de faire d'avoir reçu tous fes Sacremens, auffi
les employa-t'il tres-utile-
ment pour demander à Dieu
la perfeverance finale de fon
faint amour. Un Religieux luy
ayant demandé ce qu'il faifoit & à quoy fon efprit eftoit
occupé ; je fais répondit-il, «
ce que je ferai dans toute l'é- «

D

» ternité, je benis Dieu, je
» loüe Dieu, je l'adore & je
» l'aime de tout mon cœur
» c'est là tout nôtre métier me.
» Freres d'adorer Dieu & de
» l'aimer sans se soucier du
» reste. Un Religieux s'estant
recommandé à ses prieres, &
l'ayant pressé de demander à
Dieu pour luy le veritable esprit d'oraison, il luy dit qu'il
falloit apporter sa coopera-
tion & travailler de son côté
pour s'en rendre digne, ce furent là les derniers sentimens
de son cœur. Le lendemain
qui fut le Lundi douziéme Février mil six cens nonante-un
sur les neuf heures du matin
sans avoir d'agonie, sans perdre l'usage des sens, sans aucune convulsion mourut dans

le baiser du Seigneur le Frere
Laurent de la Resurrection ,
& rendit son ame à Dieu avec
la paix & la tranquillité d'une
personne qui dort. Aussi sa
mort a-t-elle esté comme un
doux sommeil qui l'a fait pas-
ser de cette vie miserable à
une vie bienheureuse. Car enfin si l'on peut conjecturer des
suites de la mort par les actions saintes qui l'ont préce-
dé , quel sentiment ne peut-
on pas porter du Frere Laurent , luy qui est sorti de ce
monde chargé de bonnes œuvres & de merites. Il est ai-
sé de conclure, & on peut pré-
sumer sans flatterie , que sa
mort a été précieuse de-
vant Dieu, qu'elle a été sui-
vie de bien prés de la récom-

D ij

penſe , que ſon ſort eſt par-
my les Saints , & qu'il jouit
à preſent de la gloire , que ſa
foy eſt récompenſée par la
claire viſion , ſon eſperance
par la poſſeſſion , & ſa charité commencée par un amour
conſommé.

MAXIMES

SPIRITUELLES·

Ou T E S chofes font
poffibles à celuy qui
croit, encore plus à
celuy qui efpere ,
encore plus à celuy qui aime,
& encore plus à celuy qui pratique & perfevere en ces trois
vertus; tous ceux qui font bap-
tifez, croyans comme il faut,
ont fait le premier pas dans
le chemin de la perfection, &
feront parfaits auffi long-tems
qu'ils perfeveront en la prati-

que des maximes suivantes.

1. Regarder toûjours Dieu
& sa gloire en tout ce que
nous faisons, ce que nous di-
sons & entreprenons; que la
fin que nous prétendons soit
d'estre les plus parfaits adora-
teurs de Dieu en cette vie,
comme nous esperons l'estre
pendant toute la durée de l'é-
ternité : prendre une ferme
resolution de surmonter avec
la grace de Dieu, toutes les
difficultez qui se rencontrent
en la vie spirituelle.

2. Quand nous entrepre-
nons la vie spirituelle, il faut
considerer à fond qui nous
sommes, & nous nous trouverons dignes de tout mépris,
indignes du nom de Chrétien,
sujets à toutes sortes de mi-

fères, & à une infinité d'ac-
cidens qui nous troublent, &
qui nous rendent inégaux dans
nôtre santé, dans nos humeurs,
dans nôtre disposition inté-
rieure & extérieure, enfin des
personnes que Dieu veut humilier par une infinité de peines & de travaux, tant au dedans qu'au dehors.

3. Il faut croire sans doute
qu'il nous est avantageux,
qu'il est agréable à Dieu de
nous sacrifier à luy, qu'il est
ordinaire à sa divine Providence de nous abandonner à
toutes sortes d'états, à souffrir
toutes sortes de peines, de mi-
sères, & de tentations pour
l'amour de Dieu, autant de
tems qu'il luy plaira, puisque
sans cette soûmission de cœur

& d'esprit à la volonté de Dieu,
la devotion & la perfection ne
peuvent subsister.

4. Une ame est d'autant
plus dépendante de la grace
qu'elle aspire à une plus haute
perfection , & le secours de
Dieu luy est d'autant plus necessaire à chaque moment, que
sans luy elle ne peut rien , le
monde , la nature , & le dia-
ble luy font de concert une
guerre si forte & si continuelle,
que sans ce secours actuel, &
cette humble & necessaire dé-
pendance, ils l'entraîneroient
malgré elle ; cela paroît dur
à la nature, mais la grace s'y
plaît & s'y repose.

Pratiques necessaires pour acquerir la vie spiri-tuelle.

1. LA pratique la plus sain-te, la plus commune, & la plus necessaire en la vie spirituelle, est la presence de Dieu, c'est de se plaire & s'ac-coûtumer en sa divine com-pagnie, parlant humblement, & s'entretenant amoureuse-ment avec luy en tout tems, à tous momens, sans regle ni mesure, sur tout dans le tems des tentations, des pei-nes, des arriditez, des dégoûts, & même des infidelitez, & des pechez.

2. Il faut s'appliquer con-tinuellement, à ce qu'indif-

D v

feremment toutes nos actions
foient une maniere de petits
entretiens avec Dieu, pourtant fans étude, mais comme
ils viennent de la pureté &
fimplicité du cœur.

3. Il faut faire toutes nos
actions avec poids & mefure,
fans impetuofité, ni precipi-
tation qui marquent un efprit égaré, il faut travailler
doucement, tranquillement
& amoureufement avec Dieu,
le prier d'agréer nôtre travail,
& par cette attention continuelle à Dieu nous briferons
la tefte du démon, & luy ferons tomber les armes des
mains.

4. Nous devons pendant
nôtre travail & autres actions,
même pendant nos lectures &

écritures quoyque spirituelles, je dis plus pendant nos
devotions extérieures & prieres vocales, cesser quelque petit
moment, le plus souvent même
que nous pourrons , pour
adorer Dieu au fond de nôtre
cœur , le goûter quoyqu'en
passant & comme à la déro-
bée. Puisque vous n'ignorez
pas que Dieu est present devant vous pendant vos actions,
qu'il est au fond & au centre
de vôtre ame , pourquoy donc
ne pas cesser au moins de tems
en tems vos occupations extérieures, & même vos prieres vocales, pour l'adorer in-
térieurement, le loüer , luy
demander , luy offrir vôtre
cœur , & le remercier.

Que peut-il y avoir de plus

agréable à Dieu, que de quitter
ainsi mille & mille fois le jour
toutes les creatures pour se
retirer & l'adorer en son interieur, outre que c'est détruire l'amour propre qui ne peut
subsister que parmi les creatures, dont ces retours interieurs à Dieu nous débarassent
insensiblement.

Enfin nous ne pouvons pas
rendre de plus grands témoi-
gnages à Dieu de nôtre fidelité, qu'en renonçant & mé-
prisant mille & mille fois la
creature pour joüir un seul
moment du Createur.

Je ne prétens pas par là vous
obliger à quitter pour toûjours l'exterieur, cela ne se
peut; mais la prudence qui est
la mere des vertus doit vous

servir de regle : je dis pourtant
que c'est une erreur ordinaire
parmi les personnes spirituelles, de ne pas quitter de tems
en tems l'exterieur pour adorer Dieu au dedans d'eux-mê-
mes, & pour joüir en paix quelques petits momens de sa divine presence. La disgression
a esté longue, j'ay crû que la
matiere demandoit toute cette explication, revenons à nos
pratiques,

5. Toutes ces adorations se
doivent faire par la foy,
croyant que veritablement
Dieu est en nos cœurs, qu'il
le faut adorer, aimer, & servir en esprit & verité, qu'il
voit tout ce qui se passe, & se
passera en nous, & en toutes
les creatures, qu'il est indé-

pendant de tout, & celuy de
qui toutes les creatures dépen-
dent ; infini en toutes sortes
de perfections, qui merite par
son excellence infinie & son
souverain domaine tout ce que
nous sommes, & tout ce qui
est au ciel & en la terre, dont
il peut disposer à son bon plaisir dans le tems & dans l'é-
ternité, nous luy devons par
justice toutes nos pensées ,
nos paroles, & nos actions.
Voyons si nous les faisons.

6. Il faut examiner soigneusement qu'elles sont les vertus qui nous sont les plus necessaires , celles qui sont les
plus difficiles à acquerir, les
pechez où nous tombons souvent, & les occasions plus frequentes & inévitables de nos

chûtes: nous devons recourir à Dieu avec une entiere confiance dans l'occasion du combat, demeurer ferme en la presence de sa divine Majesté , l'adorer humblement, luy representer nos miseres & nos foiblesses , luy demander amoureusement les secours de sa grace , & nous trouverons par là en luy toutes les vertus sans en avoir aucune.

Comment il faut adorer Dieu en esprit & en verité.

I'L y a trois choses en cette question ausquelles il faut répondre.

Je dis, 1. qu'adorer Dieu en esprit & verité , cela veut dire adorer Dieu comme nous

le devons adorer ; Dieu est esprit, il faut donc l'adorer en
esprit & en verité. C'est-à-di-
re par une humble & veritable adoration d'esprit dans le
fond & centre de nôtre ame,
il n'y a que Dieu qui puisse
voir cette adoration, que
nous pouvons réïterer si souvent qu'à la fin elle nous de-
viendra comme naturelle,
& comme si Dieu estoit un
avec nôtre ame, & que nô-
tre ame fût une avec Dieu :
la pratique le fait voir.

2. Adorer Dieu en verité,
c'est le reconnoître pour ce
qu'il est, & nous reconnoître
pour ce que nous sommes ;
adorer Dieu en verité c'est
reconnoître veritablement,
actuellement & en esprit que

Dieu est ce qu'il est, c'est-à-
dire infiniment parfait, infiniment adorable, infiniment é-
loigné du mal, & ainsi de tous
les attributs divins : qui sera
l'homme pour peu de raison
qu'il ait, qui n'employera pas
toutes ses forces à rendre tous
ses respects & ses adorations à
ce grand Dieu.

3. Adorer Dieu en verité,
c'est encore avoüer que nous
luy sommes entierement con-
traires, & qu'il veut bien nous
rendre semblables à luy si nous
le voulons ; qui sera assez im-
prudent pour se détourner,
même un moment du respect,
de l'amour, du service, & des
adorations continuelles que
nous luy devons ?

De l'union de l'ame avec Dieu.

IL y a trois sortes d'unions, la premiere habituelle, la seconde virtuelle, & la troisiéme actuelle.

1. L'union habituelle est quand on est uni à Dieu seulement par grace.

2. L'union virtuelle est lors que commençant une action par laquelle on s'est uni à Dieu, on luy demeure uni par la vertu de cette action tout le tems quelle dure.

3. L'union actuelle est la plus parfaite & toute spirituelle quelle est, elle fait sentir son mouvement, parce que l'ame n'est pas endormie com-

me aux autres unions, mais
elle se trouve excitée puissam-
ment, & son operation est plus
vive que celle du feu, & plus
lumineuse qu'un Soleil qui
n'est obscurci par la nuë, on
peut neanmoins être trompé
dans ce sentiment qui n'est
pas une simple expression du
cœur, comme de dire, mon
Dieu je vous aime de tout
mon cœur : ou d'autres paroles semblables, mais c'est un
je ne sçai quoy de l'ame doux,
paisible, spirituel, respectueux,
humble, amoureux, & tres-
simple qui la porte, & la presse
à aimer Dieu, l'adorer, l'embrasser même avec des ten-
dresses qu'on ne peut exprimer, & que la seule experience nous peut faire concevoir.

4. Tous ceux qui préten-
dent à l'union divine, doivent
sçavoir que tout ce qui peut
réjoüir la volonté luy est en
effet agreable & délicieux, ou
quelle le tient tel.

Il faut que tout le monde
avoüe que Dieu est incom-
prehensible, & que pour s'u-
nir à luy , il faut priver la
volonté de toute sorte de
goûts & de plaisirs spirituels &
corporels , afin qu'étant ainsi
degagée elle puisse aimer Dieu
sur toutes choses : car si la volonté peut en quelque façon
comprendre Dieu, ce ne peut
estre que par l'amour. Il y a
bien de la difference entre les
goûts & les sentimens de la
volonté & entre les opera-
tions de la même volonté ,

puisque les goûts & sentimens
de la volonté sont en l'ame
comme en leur terme, & son
operation qui est proprement
l'amour se termine à Dieu
commme à sa fin.

De la presence de Dieu.

1. LA presence de Dieu est
une application de nô-
tre esprit à Dieu, ou un souvenir de Dieu present qui se
peut faire, ou par l'imagination ou par l'entendement.

2. Je connois une personne
qui depuis quarante ans pratique une presence de Dieu
intellectuelle, à qui il donne
plusieurs autres noms, tantôt il l'appelle acte simple, ou
connoissance claire & distincte
de Dieu, quelquefois vûë con-

fuse ou regard general , &
amoureux en Dieu , souvenir
de Dieu , d'autres fois il la
nomme attention à Dieu , entretien muet avec Dieu , confiance en Dieu , la vie & paix
de l'ame , enfin cette personne m'a dit que toutes ces manieres de presence de Dieu ne
sont que des sinonimes qui ne
signifient qu'une même chose,
& qu'elle luy est presentement
comme naturelle , voici comment.

3. Elle dit qu'à force d'actes , & en rappellant souvent
son esprit en la presence de
Dieu , l'habitude s'en est formée de telle maniere, qu'aussi-
tôt qu'il est libre de ses occupations exterieures, & même
souvent lors qu'il y est le plus

engagé , la pointe de son esprit , ou la suprême partie de
son ame s'éleve sans aucune
diligence de sa part , & demeure comme suspenduë &
fixement arrêtée en Dieu par
dessus toutes chôses , comme
en son centre & en son lieu de
repos , sentant presque toûjours son esprit en cette sus-
pension accompagnée de la
foy , cela luy suffit ; & c'est ce
qu'elle appelle presence de
Dieu actuelle , qui comprend
toutes les autres sortes de presence & beaucoup davantage ,
de sorte qu'elle vit maintenant
comme s'il n'y avoit plus que
Dieu & elle au monde, elle s'entretient par tout avec Dieu ,
elle luy demande ce dont elle
elle a besoin , & se réjoüit

sans cesse en mille & mille fa-
çons avec luy.

5. Il est cependant à propos de sçavoir que cette con-
versation avec Dieu se fait au
fond & au centre de l'ame,
c'est là que l'ame parle à Dieu
cœur à cœur, & toûjours
dans une grande & profonde
paix dont l'ame joüit en Dieu,
tout ce qui se passe au dehors,
n'est à l'ame que comme un
feu de paille qui s'éteint à
mesure qu'il s'allume, & il
n'arrive quasi jamais ou fort
peu à troubler sa paix interieure.

6. Pour revenir à nôtre presence de Dieu, je dis que ce
regard de Dieu doux & amoureux, allume insensiblement
un feu divin en l'ame qui l'embrase

brase si ardemment de l'a-
mour de Dieu, qu'on est o-
bligé de faire plusieurs choses à l'extorieur pour le moderer.

7. L'on seroit même surpris
si l'on sçavoit ce que l'ame dit
quelquefois à Dieu, qui semble se plaire si fort dans ces
entretiens, qu'il luy permet
tout, pourvû quelle veüille
toûjours demeurer avec luy,
& en son fond, & comme
s'il craignoit qu'elle ne re-
tourna à la creature, il prend
soin de luy fournir tout ce
qu'elle peut desirer, si bien
qu'elle trouve souvent au dedans de soy une viande tres-
savoureuse & tres-délicieuse
à son goût, quoiqu'elle ne
l'aye jamais désirée ni procu-

E

rée en aucune maniere , &
sans même y avoir contri-
bué de sa part que le seul
consentement.

8. La presence de Dieu est
donc la vie & la nourriture
de l'ame, qui se peut acquerir avec la grace du Seigneur,
en voicy les moyens.

Moyens pour acquerir la
presence de Dieu.

1. **L**E premier moyen est
une grande pureté de
vie.

2. Le second une grande
fidelité à la pratique de cette presence , & au regard interieur de Dieu en foy qui se
doit toûjours faire doucement , humblement , & a-
moureusement sans se laisser

aller à aucun trouble ou in-quietude.

3. Il faut prendre un soin particulier que ce regard interieur quoique d'un moment précede vos actions exterieures, que de tems en tems il les accompagne & que vous les finissiez toutes par là , comme il faut du tems & beaucoup de travail pour acquerir cette pratique , aussi ne faut-il pas se décourager lorsqu'on y manque , puisque l'habitude ne se forme qu'avec peine , mais lorsqu'elle sera formée , tout se fera avec plaisir.

N'est-il pas juste que le cœur qui est le premier vivant , & qui domine sur les autres membres du corps ,

soit le premier & le dernier
pour aimer, & adorer Dieu,
soit en commençant ou fi-
nissant nos actions spirituelles & corporelles, & general-
lement en tous les exercices
de la vie, & c'est par cet endroit que nous devons avoir
soin de produire ce petit regard interieur, ce qu'il faut
faire comme j'ay déja dit
sans peine & sans étude pour
le rendre plus facile.

4. Il ne sera pas hors de
propos pour ceux qui com-
mencent cette pratique, de
former interieurement quelque peu de paroles, comme,
mon Dieu je suis tout à vous:
Dieu d'amour je vous aime
de tout mon cœur : Seigneur

faites-moy selon vôtre cœur :
ou quelques autres paroles
que l'amour produit sur le
champ : mais ils doivent
prendre garde que leur esprit
ne s'égare, qu'il ne retourne
à la creature, & ils doivent
le tenir attaché à Dieu seul,
afin que se voyant ainsi pressé & forcé par la volonté, il
soit enfin obligé de demeurer
avec Dieu.

5. Cette presence de Dieu
un peu penible dans les com-
mencemens, pratiquée avec
fidelité opere secretement en
l'ame des effets merveilleux,
y attire en abondance les graces du Seigneur, & la conduit insensiblement à ce simple regard, à cette vûë a-
moureuse de Dieu present par

tout qui eſt la plus ſainte ,
la plus ſolide , la plus facile ,
& la plus efficace maniere
d'Oraiſon.

6. Remarquez s'il vous plaît
que pour arriver à cet état ,
on ſuppoſe la mortification
des ſens, puiſqu'il eſt impoſ-
ſible qu'une ame qui a encore quelque complaiſance en
la creature , puiſſe joüir entierement de cette divine preſence , car pour être avec Dieu,
il faut abſolument quitter la
creature.

Les utilitez de la preſence de Dieu.

LA premiere utilité que
l'ame reçoit de la preſence de Dieu, c'eſt que la foy

en eſt plus vive & plus agiſ-
ſante en toutes les occaſions
de nôtre vie, particulierement
en nos beſoins, puiſqu'elle
nous obtient facilement des
graces dans nos tentations,
& dans le commerce inévita-
ble que nous avons avec les
creatures, car l'ame accoû-
tumée par cette exercice à la
pratique de la foy, par un
ſimple ſouvenir voit & ſent
Dieu preſent, elle l'invoque
facilement, efficacement, &
obtient ce dont elle a beſoin.
L'on peut dire qu'elle a en ce-
cy quelque choſe approchant
de l'état des Bienheureux,
plus elle avance, plus ſa foy
devient vive, & enfin elle devient ſi pénetrante, que l'on
pourroit quaſi dire, je ne croy

plus, mais je vois, & j'experimente.

2. La pratique de la pre-
sence de Dieu nous fortifie
dans l'esperance, nôtre esperance croît à proportion de
nos connoissances, à mesure
que nôtre foy pénetre par ce
saint exercice dans les secrets
de la divinité, à mesure quelle découvre en Dieu une beau-
té qui surpasse infiniment non
seulement celle des corps que
nous voyons sur la terre, mais
celle des ames les plus parfai-
tes, & celle des Anges : nôtre esperance croît & se fortifie, & la grandeur de ce bien
dont elle prétend jouir, &
quelle goûte en quelque maniere, la rassûre & la soûtient
3. Elle inspire à la volon-

té un mépris des creatures, & elle l'embrase du feu de l'amour sacré, parce qu'étant toûjours avec Dieu qui est un feu consommant, il réduit en poudre ce qui luy peut être opposé, & cette ame ainsi embrasée ne peut plus vivre qu'en la presence de son Dieu, presence qui produit dans son cœur une sainte ardeur, un empressement sacré & un desir violent de voir ce Dieu aimé, connu, servi & adoré de toutes les creatures.

4. Par la presence de Dieu & par ce regard interieur l'ame se familiarise avec Dieu de telle maniere, qu'elle passe presque toute sa vie en des actes continuels d'amour, d'adoration, de contrition,

de confiance, d'actions de graces, d'offrande, de demande,
& de toutes les plus exceller.
tes vertus; & quelquefois même elle ne devient plus qu'un
seul acte qui ne passe plus,
parce que l'ame est toûjours
dans l'exercice continuel de
cette divine presence.

Je sçay que l'on trouve peu
de personnes qui arrivent à ce
degré, c'est une grace dont
Dieu favorise seulement quelques ames choisies, puisqu'enfin ce simple regard est un don
de sa main liberalle; mais je
diray pour la consolation de
ceux qui veulent embrasser
cette sainte pratique, qu'il la
donne ordinairement aux a-
mes qui s'y disposent, & s'il
ne la donne pas, on peut du

moins avec le secours de ses
graces ordinaires acquerir par
la pratique de la presenee de
Dieu une maniere & un état
d'Oraison qui approche beaucoup de ce simple regard.

LETTRES
DU FRERE
LAURENT
DE LA
RESURRECTION.

Ecrites à quelques personnes Religieuses, & de
pieté.

PREMIERE LETTRE.

A la Reverende Mere .. N ..

MA REVERENDE MERE,

Je me suis servi de l'occasion, de N... pour vous faire part de sentimens d'un de nos Religieux sur les effets admirables , & les secours continuels qu'il reçoit de la presence de Dieu : profitons-en l'un & l'autre.

Vous sçaurez que son principal soin depuis plus de quarante ans qu'il est en Religion, a été d'être toûjours avec Dieu, & de ne rien faire, de ne rien dire, & de ne rien penser qui luy puisse déplaire , sans aucune autre vûë que celle de son pur amour, & parce qu'il en merite infiniment davantage.

Il est à present si habitué à cette divine presence, qu'il en reçoit des secours continuels en toute sorte d'oc-

casions : il y a environ trente
ans que son ame joüit des
joyes interieures si continuelles, & quelquefois si grandes,
que pour les moderer & les
empêcher de paroître au dehors, il est contraint de faire
à l'exterieur des puerilitez qui
sentent plus la folie que la
devotion.

Si quelquefois il est un peu
trop absent de cette divine
presence, Dieu se fait sentir
aussi-tôt dans son ame pour le
rappeller, ce qui luy arrive
souvent lorsqu'il est plus engagé dans ses occupations
exterieures, il répond avec
une exacte fidelité à ces at-
traits interieurs, ou par une
élevation de son cœur vers
Dieu, ou par un regard doux

& amoureux , ou par quel-
ques paroles que l'amour for=
me en ces rencontres , par
exemple, mon Dieu, me voicy tout à vous : Seigneur faites-moy selon vôtre cœur :
& pour lors il luy semble ,
comme en effet il sent que ce
Dieu d'amour se contentant
de ce peu de paroles, se rendort
& se repose au fond & centre
de son ame : l'experience de ces
choses le rend si certain, que
Dieu est toûjours en ce fond
de son ame , qu'il n'en peut
former aucun doute , quoyqu'il fasse, & qu'il luy arrive.

Jugez de-là , Ma Reveren-
de Mere, quel est le conten-
tement & la satisfaction dont
il joüit , sentant en luy con-
tinuellement un si grand tre-

for, il n'eft plus dans l'inquietude de le trouver , il n'eft
plus en peine de le chercher,
il luy eft entierement décou-
vert , & libre d'y prendre ce
qu'il luy plaît.

Il fe plaint fouvent de nôtre aveuglement , & il s'écrie
fans ceffe que nous fommes
dignes de compaffion de nous
contenter de fi peu ; Dieu ,
dit il, a des trefors infinis à
nous donner , & une petite
devotion fenfible , qui paffe
en un moment , nous fatis-
fait ; que nous fommes aveu-
gles, puifque par là nous lions
les mains à Dieu , & nous
arrêtons l'abondance de fes
graces; mais lorfqu'il trouve
une ame pénetrée d'une foy
vive, il luy verfe des graces

en abondance. C'est un torrent arrêté par force contre
son cours ordinaire , qui
ayant trouvé une issuë , se
répand avec impetuosité &
avec abondance.

Oüy souvent nous l'arrê-
tons ce torrent par le peu
d'estime que nous en faisons.
Ne l'arrêtons plus , Ma chere Mere , rentrons en nous-
mêmes, rompons cette digue,
faisons jour à la grace, répa-
rons le tems perdu, il nous
en reste peut-être peu à vivre , la mort nous suit de
prés , donnons-nous en de
garde , on ne meurt qu'une
fois.

Encore une fois rentrons en
nous-mêmes, le tems presse,
il n'y a plus de remise , cha-

cun y eſt pour ſoy , je croy
que vous avez pris vos meſu-
res ſi juſtes, que vous ne ſe-
rez pas ſurpriſe , je vous en
loüe car c'eſt nôtre affaire : il
faut cependant toûjours travailler , puiſqu'en la vie de
l'eſprit ne pas avancer eſt re-
culer , mais ceux qui ont le
vent du ſaint Eſprit voguent
même en dormant, ſi la na-
celle de nôtre ame eſt encore battuë des vents ou de
la tempête , éveillons le Seigneur qui y repoſe, il calme-
ra bien tôt la mer.

J'ay pris la liberté, Ma tres-
chere Mere , de vous faire
part de ces bons ſentimens ,
pour les confronter avec les
vôtres , ils ſerviront à les
rallumer & à les embrazer ,

si par malheur ce (que Dieu ne veüille , car ce seroit un grand mal ,) ils refroidissoient tant soit peu : rappellons donc vous & moy nos premieres ferveurs, profitons de l'exemple & des sentimens de ce Religieux peu connu du monde, mais connu de Dieu & extremement caressé de luy, je le demanderay pour vous , demandez-le tres-instamment pour celuy qui est en Nôtre-Seigneur,

MA REVERENDE MERE,

De Paris le 1.
Juin 1682.

Vôtre &c.

SECONDE LETTRE

A LA REVERENDE
Mere...N...

MA REVERENDE ET TRES-
HONNORE'E MERE,

J'ay reçu aujourd'huy deux
Livres , & une Lettre de la
Sœur .. N.. qui se dispose
à sa Profession , & demande
pour cela les prieres de vôtre
sainte Communauté , & les
vôtres en particulier , elle me
marque y avoir une tres-
grande & singuliere confiance, ne l'en frustrez pas , dè-
mandez à Dieu qu'elle fasse
son sacrifice dans la seule vûë

de son amour , & avec une ferme resolution d'être tout à luy : je vous envoiray un de ces Livres qui traitent de la presence de Dieu , c'est , à mon sentiment , en quoy consiste toute la vie spirituelle , & il me semble qu'en la pratiquant , comme il faut, on devient spirituel en peu de tems.

Je sçay que pour cela il faut que le cœur soit vuide de toutes autres choses, Dieu le voulant posseder seul ; & comme il ne peut le posseder seul, sans le vuider de tout ce qui n'est point luy , aussi ne peut-il y agir , ni y faire ce qu'il voudroit.

Il n'y a pas au monde de maniere de vie plus douce ni

plus délicieufe que la converfation continuelle avec Dieu,
ceux là feuls la peuvent comprendre qui la pratiquent &
qui la goûtent : je ne vous
confeille pas pourtant de le
faire par ce motif, ce ne font
pas les confolations que nous
devons chercher en cette pratique, mais faifons-le par un
principe d'amour & parce que
Dieu le veut.

Si j'étois Prédicateur, je
ne prêcherois autre chofe
que la pratique de la prefence de Dieu, & fi j'étois Di-
recteur, je la confeillerois à
tout le monde, tant je la
croyois neceffaire, & même
facile.

Ah fi nous fçavions la ne-
ceffité que nous avons des

graces & des secours de Dieu,
nous ne le perderions jamais
de vûë, pas même pour un
moment. Croyez-moy, fai-
tes dés à present une sainte
& ferme resolution de ne
vous en éloigner jamais volontairement, & de vivre le
reste de vos jours en cette
sainte presence, privé pour
son amour, s'il le juge à propos, des consolations du Ciel
& de la terre. Mettez la main
à l'œuvre, si vous le faites
comme il faut, assûrez-vous
que vous en verrez bien-tôt
les effets, je vous y aiderez
par mes prieres toutes pauvres quelles soient, je me re-
commande tres-instamment
aux vôtres, & à celles de vôtre sainte Communauté, é-

tant à toutes, & à vous plus
en particulier, Vôtre &c.

III. LETTRE.

A la même.

MA REVERENDE ET TRES-
HONNORE'E MERE,

J'ay reçu de Mademoiselle
de .. N.. les Chapelets que
vous luy avez mis entre les
mains. Je m'étonne que vous
ne me mandiez pas vôtre fentiment fur le Livre que je
vous ay envoyé, & que vous
devez avoir reçu ; pratiquez-
le fortement fur vos vieux
jours, il vaut mieux tard que
jamais.

Je ne peu comprendre com-
ment les perfonnes Religieufes

ses peuvent vivre contentes
sans la pratique de la presence de Dieu, pour moy je me
tiens retiré avec luy au fond
& centre de mon ame autant
que je peux, & lors que je
suis ainsi avec luy, je ne crains
rien; mais le moindre détour
m'est un enfer.

Cet exercice ne tuë pas le
corps, il est cependant à propos de le priver de tems en
tems, & même souvent de
plusieurs petites consolations
innocentes & licites; car Dieu
ne souffre pas qu'une ame qui
veut être entierement à luy,
prenne d'autres consolations
qu'avec luy; cela est plus que
raisonnable.

Je ne dis pas que pour cela il faille se gêner beaucoup,

F

non, il faut servir Dieu dans
une sainte liberté ; il faut travailler fidellement, sans trouble ni inquietude, rappellant
doucement, & tranquille-
ment nôtre esprit à Dieu, autant de fois que nous l'en trou-
vons distrait.

Il est pourtant necessaire de
mettre toute sa confiance en
Dieu, de se défaire de tous
autres soins, même de quan-
tité de devotions particulieres quoyque tres-bonnes,
mais dont on se charge souvent mal à propos, puisqu'enfin ces devotions ne font que
des moyens pour arriver à la
fin, ainsi lors que par cet exercice de la presence de Dieu,
nous sommes avec celuy qui
est nôtre fin, il nous est inuti-

le de retourner aux moyens,
mais nous pouvons continuer
avec luy nôtre commerce d'a-
mour, demeurant en sa sainte
presence, tantôt par un acte
d'adoration, de loüange, de
desir, tantôt par un acte d'offrande, d'action de graces, &
en toutes les manieres que
nôtre esprit pourra inventer.

Ne vous découragez pas
pour la répugnance que vous
y sentiez du côté de la nature, il faut vous faire violence; souvent dans les commen-
cemens on croit que c'est tems
perdu, mais il faut continuer
& se résoudre d'y perseverer
jusqu'à la mort & malgre toutes les difficultez. Je me re-
commande aux prieres de la
sainte Communauté, aux

vôtres en particulier, & je
suis en Nôtre-Seigneur.

De Paris le 3. No-
v mbre 1685.

Vôtre &c.

IV. LETTRE.

À MADAME...N...

MADAME,

Je vous plaint beaucoup,
si vous pouvez laisser le soin
de vos affaires à Monsieur &
à Madame..N.. & ne vous
plus occuper qu'à priere Dieu,
vous feriez un coup d'état, il
ne nous demande pas grande
chose, un petit souvenir de
tems en tems, une petite adoration, tantôt luy demander
sa grace, quelquefois luy of-

frir vos peines, d'autrefois le
remercier des graces qu'il
vous a faites, & qu'il vous
fait au milieu de vos travaux,
vous consoler avec luy le plus
souvent même que vous pour-
rez ; pendant vos repas & vos
entretiens élevez quelquefois
vers luy vôtre cœur, le moindre petit souvenir luy sera
toûjours fort agreable, il ne
faut pas pour cela crier bien
haut, il est plus prés de nous
que nous ne pensons.

Il n'est pas necessaire d'être
toûjours à l'Eglise pour être
avec Dieu, nous pouvons faire de nôtre cœur un Oratoi-
re dans lequel nous nous re-
tirions de tems en tems pour
nous y entretenir avec luy
doucement, humblement, &

amoureusement ; tout le monde est capable de ces entretiens familiers avec Dieu, les uns plus, les autres moins, il sçait ce que nous pouvons ; commençons, peut-être n'attend-il de nous qu'une géneureuse résolution ; courage, il nous reste peu de tems à vivre, vous avez prés de 64. ans ; & moy j'approche de 80, vivons & mourons avec Dieu, les peines nous seront toûjours douces & agreables. quand nous serons avec luy, & les plus grands plaisirs nous seront sans luy un cruel supplice. Il soit beni de tout. *Amen.*

Accoûtumez vous donc peu à peu à l'adorer de la sorte, à luy demander sa graçe,

à luy offrir vôtre cœur de
tems en tems pendant la journée , parmi vos ouvrages ,
à tout moment si vous le pouvez, ne vous contraignez pas
par des regles ou des devotions particulieres , faites-le
en foy , avec amour , & avec
humilité ; vous pouvez assûrer
Monsieur & Madame de .. N..
& Mademoiselle .. N .. de
mes pauvres prieres, & que
je suis leur serviteur , & en
particulier le vôtre en Nôtre-
Seigneur ;

Frere &c.

V. LETTRE.

AU REVEREND PERE
..N..

MON REVEREND PERE,

Ne trouvant pas ma ma-
niere de vie dans les Livres ,
quoyque je n'en fois aucu-
nement en peine, cependant
pour plus grande affûrance,
je ferois bien aife de fçavoir
vôtre fentiment fur l'état où
je me trouve.

Il y a quelques jours que
dans une conference particuliere avec une perfonne de
pieté, elle me dit que la vie
fpirituelle eftoit une vie de
grace, qui commence par la

crainte servile, qui s'augmente par l'esperance de la vie
éternelle, & qui se consom-
me par l'amour pur, que les
uns & les autres ont de dif-
ferents degrez par où l'on arrive enfin à cette heureuse
consommation.

Je n'ay point suivi toutes
ces methodes, au contraire,
je ne sçay par quel attrait, elle me firent peur d'abord, ce
qui fût cause qu'à mon entrée
en Religion, je pris la résolution de me donner tout à
Dieu en satisfaction de mes
pechez, & de renoncer pour
son amour à tout ce qui
n'étoit point luy.

Pendant les premieres an-
nées, je m'occupois dans mes
oraisons ordinairement des

F v

penſées de la mort, du jugement, de l'enfer, du paradis,
& de mes pechez, j'ay con-
tinué de la ſorte pendant quelques années, m'appliquant
ſoigneuſement le reſte du jour
& même pendant mon travail
à la preſence de Dieu, que
je conſiderois toûjours auprés
de moy, ſouvent même dans
le fond de mon cœur, ce qui
me donna une ſi haute eſtime
de Dieu, que la foy ſeule
étoit capable de me ſatisfaire
ſur ce point :

   Je fis inſenſiblement la même choſe pendant mes orai-
ſons, ce qui me cauſoit de
grandes douceurs & de grandes conſolations : voila par
où j'ay commencé : je vous diray pourtant que durant les

dix premieres années j'ay
beaucoup souffert , l'apprehenfion que j'avois de n'être
pas à Dieu , comme je l'euffe
fouhaité , mes pechez paffez
toûjours prefents à mes yeux,
& les grandes graces que Dieu
me faifoit étoient la matiere
& la fource de tous mes maux,
durant tout ce tems je tombois fouvent , & je me relévois auffi-tôt , il me fembloit
que les creatures , la raifon ,
& Dieu même fuffent contre
moy , & que la foy feule fût
pour moy. J'étois quelquefois troublé de penfées que
c'étoit un effet de ma préfomption , que je prétendois
être tout d'un coup où les
autres n'arrivent qu'avec peine , d'autrefois que c'étoit me
Fvj

damner à plaisir, qu'il n'y a-
voit point de salut pour moy.

Lors que je ne pensois plus
qu'à finir mes jours dans ces
troubles & ces inquietu-
des (qui n'ont rien diminué
de la confiance que j'avois
en Dieu, & qui n'ont servi
qu'à augmenter ma foy) je
me trouvay tout d'un coup
changé, & mon ame qui jufqu'à lors étoit toûjours en
trouble se sentit dans une profonde paix interieure, comme si elle étoit en son centre,
& en un lieu de repos.

Depuis ce tems là je tra-
vaille devant Dieu simple-
ment en foy, avec humilité,
& avec amour, & je m'applique soigneusement à ne rien
faire, à ne rien dire, & à ne

rien penser qui luy puisse déplaire. J'espere que lors que
j'auray fait ce que j'auray pû,
qu'il fera de moy ce qu'il luy
plaira.

Pour vous dire à present
ce qui se passe en moy je ne
le puis exprimer , je ne sens
aucune peine , ni aucun doute sur mon état , comme je
n'ay pas d'autre volonté que
celle de Dieu que je tâche
d'accomplir en toutes choses,
& à laquelle je suis si soûmis
que je ne voudrois pas le-
ver une paille de terre contre
son ordre , ni par un autre
motif que son pur amour.

J'ay quitté toutes mes devotions, & prieres qui ne font
pas d'obligation, & je ne m'oc-
cupe qu'à me tenir toûjours

en fa fainte prefence , en laquelle je me tiens par une
fimple attention & un regard
general & amoureux en Dieu,
que je pourois nommer prefence de Dieu actuelle , ou
pour mieux dire un entre-
tien muet & fecret de l'ame
avec Dieu qui ne paffe quafi
plus, ce qui me caufe quelquefois des contentemens & des
joyes interieures , & fouvent
même exterieures , fi grandes, que pour les moderer ,
& empêcher quelles ne paroif-
fent au dehors , je fuis contraint de faire à l'exterieur
plufieurs puerilitez qui fen-
tent plus la folie que la devotion.

Enfin , Mon Reverend Pe-
re , je ne peux nullement

douter que mon ame ne soit
avec Dieu depuis plus de
trente ans : je passe beaucoup
de choses pour ne pas vous
ennuyer, je crois cependant
qu'il est à propos de vous marquer de quelle maniere je
me considere devant Dieu que
j'envisage comme mon Roy.

Je me regarde comme le
plus miserable de tous les
hommes, déchiré de playes,
rempli de puanteurs, & qui
a commis toute sorte de cri-
mes contre son Roy, touché
d'un sensible regret , je luy
déclare toutes mes malices,
je luy en demande pardon ,
je m'abandonne entre ses
mains pour faire de moy ce
qu'il luy plaira, ce Roy plein
de bonté & de misericorde

bien loin de me châtier, m'embrasse amoureusement, me fait manger à sa table, me sert de ses propres mains, me donne les clefs de ses tresors, & me traite en tout comme son favori, il s'entretient & se plaît sans cesse avec moy en mille & mille manieres, sans parler de mon pardon, ni m'ôter mes premieres habitudes ; quoyque je le prie de me faire selon son cœur, je me vois toûjours plus foible & plus miserable, cependant plus caressé de Dieu. Voilà comme je me considere de tems en tems en sa sainte presence.

Ma maniere la plus ordinaire, est cette simple attention, & ce regard general &

amoureux en Dieu ; où je me
sens souvent attaché avec des
douceurs & des satisfactions
plus grandes que celles que
goûte un enfant attaché aux
mamelles de sa nourrice, aussi si j'osois me servir de ce
terme , j'appellerois volontiers cet état mamelles de
Dieu , pour les douceurs inex-
primables que j'y goûte &
dont j'y fais l'experience.

Si quelquefois je m'en dé-
tourne par necessité ou par in-
firmité, on me rappelle aussi-
tôt par des mouvemens interieurs si charmans & si deli-
cieux, que je suis confus d'en
parler. Je vous prie , Mon
Reverend Pere , de reflechir
plûtôt sur mes grandes miseres dont vous êtes pleinement

inſtruit, que ſur ces grandes graces dontDieu favoriſe mon ame, tout indigne & mécon-noiſſant que je ſuis.

Pour ce qui eſt de mes heu-res d'Oraiſon, elles ne ſont plus qu'une continuation de ce même exercice, quelque-fois je m'y conſidere comme une pierre devant un Sculp-teur de laquelle il veut faire une ſtatuë, me preſentant ain-ſi devant Dieu je le prie de for-mer en mon ame ſa parfaite image, & de me rendre entie-rement ſemblable à luy.

D'autrefois auſſi-tôt que je m'applique je ſens tout mon eſprit, & toute mon ame s'éle-ver ſans aucun ſoin ni effort, & elle demeure comme ſuſ-penduë & fixement arrêtée en

Dieu comme en son centre,
& en un lieu de repos.

Je sçay que quelques-uns
traitent d'oisiveté, de tromperie & d'amour propre cet
état; j'avoüe que c'est une sainte oisiveté & un heureux a-
mour propre si l'ame en cet
état en étoit capable, puisqu'en effet lors quelle est en
ce repos elle ne peut souffrir
de trouble par les actes que
l'on faisoit auparavant, & qui
étoient son appuy, mais qui
feroient plûtôt capables de
luy nuire, que de l'aider.

Je ne peux cependant souffrir qu'on l'appelle tromperie, puisque l'ame qui y joüit
de Dieu, n'y veut que luy ;
si c'est tromperie en moy ,
c'est à luy d'y remedier, qu'il

faſle de moy ce qu'il luy plaira, je ne veux que luy & veux
être tout à luy. Vous m'obli-
gerez pourtant de me man-
der vôtre ſentiment, auquel
je défere toûjours beaucoup,
car j'ay une eſtime toute particuliere de vôtre Reveren-
ce ; & ſuis en Nôtre-Sei-
gneur,

MON REVEREND PERE,

Vôtre &c.

VI. LETTRE.

A LA REVERENDE
Mere ..N..

MA REVERENDE ET TRES-
HONNORE'E MERE,

Mes prieres quoyque de peu
de valeur ne vous manque-
ront pas, je vous l'ay promis
je vous garderay ma parole :
Que nous ferions heureux fi
nous pouvions trouver le
trefor dont parle l'Evangile,
tout le refte ne nous paroî-
troit rien, comme il eft infini,
plus on y foüille , plus on y
trouve de richeffes:occupons-
nous fans ceffe à le chercher,
ne nous laffons pas jufqu'à ce
que nous l'ayons trouvé. Il

parle enfuite de quelques affaires particuli res , & plus
bas il dit.

Enfin , Ma Reverende Me-
re , je ne fçay ce que je de-
viendray , il femble que la
paix de l'ame & le repos d'efprit me viennent en dormant ;
fi j'étois capable de peine ce
feroit de n'en point avoir , &
s'il m'étoit permis, je me con-
folerois volontiers de ce qu'il
y a un Purgatoire , où je
crois fouffrir pour la fatifac-
tion de mes pechez , je ne
fçay ce que Dieu me garde,
je fuis dans une tranquillité
fi grande que je ne crains rien,
que pourrois-je craindre
quand je fuis avec luy, je m'y
tiens le plus que je peux : il foit
beni de tout, *Amen.* Vôtre &c.

VIII. LETTRE.

A MADAME..N..

MADAME,

Nous avons un Dieu infiniment bon, & qui sçait ce qu'il nous faut, j'ay toûjours crû qu'il vous réduiroit à l'extremité, il viendra en son tems, & lors que vous y penserez le moins ; esperez en luy plus que jamais, remerciez-le avec moy des graces qu'il vous fait, particulierement de la force & de la patience qu'il vous donne en vos afflictions, c'est une marque évidente du soin qu'il a de vous, consolez-vous donc avec luy, &

le remerciez de tout.

J'admire auffi la force & le courage de Monfieur de ..N.. Dieu luy a donné un bon naturel, & une bonne volonté, mais il y a encore un peu de monde, & beaucoup de jeuneffe, j'efpere que l'affliction que Dieu luy a envoyée luy fervira d'une medecine falutaire, & qu'elle le fera rentrer en luy-même, c'eft une occafion pour l'engager à mettre toute fa confiance en celuy qui l'accompagne par tout, qu'il s'en fouvienne le plus fouvent qu'il pourra, fur tout dans les plus grands dangers.

Une petite élevation de cœur fuffit, un petit fouvenir de Dieu, une adoration interieure, quoyqu'en courant

&

& l'épée à la main font des prieres qui pour courtes qu'elles foient font cependant tres-agreables à Dieu, & qui bien loin de faire perdre le courage dans les occafions les plus dangereufes à ceux qui font engagés dans les armes, elles les fortifient, qu'il s'en fouvienne donc le plus qu'il pourra, qu'il s'accoûtume peu à peu à ce petit, mais faint exercice ; perfonne n'en voit rien, il n'eft rien de plus facile que de reïterer fouvent pendant la journée ces petites adorations intérieures. Recommandez-lui, s'il vous plaît, qu'il fe fouvienne le plus qu'il pourra de Dieu en la maniere que je lui marque icy, elle eft fort propre, & tres-néceffaire pour un foldat tous les jours expofé dans les dangers de fa vie & fouvent de fon falut : j'efpere que Dieu l'affiftera & toute la famille que je faluë, & fuis à tous en general & en particulier,

Tres-humble, &c.

12. *Octobre* 1688.

VIII. LETTRE.

A la Reverende Mere, N.

MA R. et tres-honoree Mere,

Vous ne me mandés rien de nouveau, vous n'étes pas la feule agitée de penfées, nôtre efprit eft extrêmement volage, mais la volonté étant la maîtreffe de toutes nos puiffances elle doit le rappeller & le porter à Dieu comme à fa derniere fin.

Lorsque l'esprit, qui n'a pas
esté réduit dans les commen-
cemens, a contracté quelques
méchantes habitudes d'égare-
ment & de dissipation, elles
font difficiles à vaincre, & ordinairement elles nous entraî-
nent malgré nous aux choses
de la terre.

Je crois qu'un reméde à cela est d'avoüer nos fautes, &
de nous humilier devant Dieu;
je ne vous conseille pas de
beaucoup discourir à l'oraison,
les longs discours étant souvent des occasions d'égare-
ment, tenez-vous y devant
Dieu comme un pauvre muet
& un paralitique à la porte
d'un riche, occupez-vous à
tenir vôtre esprit en la presence du Seigneur; s'il s'égare &

s'en retire quelquefois, ne vous en inquietés pas, les troubles de l'efprit fervent plutôt à le diftraire qu'à le rapeler, il faut que la volonté le rapelle tranquillement, fi vous perfeverez de la forte, Dieu aura pitié de vous.

Un moïen de rapeler facilement l'efprit pendant le tems de l'oraifon, & de le tenir plus en repos, eft de ne lui pas laiffer prendre beaucoup d'effort pendant la journée, il faut le tenir exactement en la prefence de Dieu ; & étant habituée à vous en fouvenir de tems en tems il fera facile de demeurer tranquille pendant vos oraifons, ou au moins de le rapeler de fes égaremens.

Je vous ay parlé amplement

dans mes autres lettres des a-
vantages qu'on peut tirer de
cette pratique de la préfence
de Dieu. Occupons-nous-y fe-
rieufement & prions les uns
pour les autres ; je me recom-
mande aufli aux prieres de la
Sœur, N. & de la Reverende
Mere, N. & fuis à toutes en
nôtre Seigneur.

Tres-humble, &c.

IX. LETTRE.

A la même.

Voicy la réponfe à celle
que j'ay receu de nôtre bonne
Sœur, N. prenez la peine de
lui donner, elle me paroît pleine de bonne volonté ; mais elle
voudroit aller plus vifte que la
grace, on n'eft pas faint tout

G iij

d'un coup ; je vous la recom-
mande, nous devons nous aider les uns les autres par nos
conseils, & encore plus par nos
bons exemples, vous m'obli-
gerez de me faire sçavoir de
tems en tems de ses nouvelles,
& si elle est bien fervente &
bien obeïssante.

Pensons souvent, ma chere
Mere, que nôtre unique affaire en cette vie est de plaire
à Dieu, que peut-estre tout le
reste que folie & vanité ?
Nous avons passé plus de quarante années en Religion, les
avons-nous employées à aimer
& servir Dieu, qui par sa misericorde nous y avoit apellé
pour cela ; je suis rempli de
honte & de confusion, quand
je refléchit d'un côté sur les

grandes graces que Dieu m'a
fait, & qu'il continuë sans cesse de me faire, & de l'autre sur
le mauvais usage que j'en ay
fait, & sur mon peu de profit
dans le chemin de la perfection.

Puisque par sa misericorde
il nous donne encore un peu
de tems, commençons tout de
bon, reparons le tems perdu,
retournons avec une entiere
confiance à ce pere de bonté,
qui est toûjours prest à nous
recevoir amoureusement : Re-
nonçons, ma chere Mere, re-
nonçons genereusement pour
son amour à tout ce qui n'est
point lui, il en merite infiniment davantage : pensons à lui
sans cesse, mettons en lui toute
nôtre confiance, je ne doute

pas que nous n'en experimen-
tions bien-tôt les effets, & que
nous ne reſſentions l'abondance de ſes graces, avec leſquelles nous pouvons tout, & ſans
leſquelles nous ne pouvons que
le peché.

Nous ne pouvons éviter les
dangers & les écueils dont la
vie eſt pleine ſans un ſecours
actuel & continuel de Dieu,
demandons-lui continuelle-
ment : comment le demander
ſans eſtre avec lui ? comment
eſtre avec lui qu'en y penſant
ſouvent ? Comment y penſer
ſouvent, que par une ſainte habitude qu'il faut s'en former ?
Vous me direz que je vous dis
toûjours la même choſe. Il eſt
vray, je ne connois pas de
moïen plus propre ni plus fa-

cile que celui-là : & comme je
n'en pratique pas d'autre , je
le conseille à tout le monde ;
il faut connoître avant que
d'aimer , pour connoître Dieu
il faut souvent penser à lui ; &
quand nous l'aimerons , nous
y penserons aussi fort souvent ,
car nôtre cœur est où est nôtre trésor : pensons-y souvent ,
& pensons-y bien.

Vôtre tres-humble, &c

28. *Mars* 1689.

X.

A Madame , N.

MADAME,

J'ai eu bien de la peine de
me résoudre à écrire à Monsieur de, N. je ne le fais que

G v

parce que vous & Madame
de, N. le souhaités. Prenez
donc la peine d'y mettre l'ad-
dresse, & de la faire tenir. Je
suis bien satisfait de la confiance que vous avez en Dieu,
je souhaite qu'il vous l'augmente de plus en plus : nous
n'en sçaurions trop avoir en un
ami si bon & si fidel , qui ne
nous manquera jamais ni en
ce monde ni en l'autre.

Si Monsieur de , N. sçait
profiter de la perte qu'il a fait,
& qu'il mette toute sa confiance en Dieu, il lui donnera
bientôt un autre ami plus puissant & mieux intentionné : il
dispose des cœurs comme il
veut, peut-être y avoit-il trop
de naturel & trop d'attache
pour celui qu'il a perdu : nous

devons aimer nos amis, mais
fans préjudice de l'amour de
Dieu qui doit être le premier. Souvenez-vous, je vous
prie, de ce que je vous ay recommandé, qui eſt de pen-
ſer ſouvent à Dieu le jour,
la nuit, en toutes vos occupations, vos exercices, même
pendant vos divertiſſemens, il
eſt toûjours auprés de vous &
avec vous, ne le laiſſez pas
ſeul, vous croiriez être inci-
vil de laiſſer ſeul un ami qui
vous rendroit viſite. Pourquoy
abandonner Dieu & le laiſſer
ſeul, ne l'oubliez donc pas?
penſez ſouvent à lui, adorez-
le fans ceſſe, vivez & mourez
avec lui, c'eſt-là la belle occupation d'un Chreſtien, en
un mot c'eſt nôtre métier, ſi

G vj

nous ne le sçavons pas, il faut
l'apprendre, je vous y aideray
par mes prieres, je suis en nôtre Seigneur,

Vôtre &c.

De Paris le 29., *Oct.* 1689.

XI. LETTRE.

A la Reverende Mere, N.

MA R. ET TRES-HONOREE MERE,

Je ne demande pas à Dieu
la délivrance de vos peines,
mais je lui demande instam-
ment qu'il vous donne des forces & la patience pour les souffrir aussi long-tems qu'il lui
plaira: consolez-vous avec celui qui vous tient attachée sur
la croix, il vous en détachera
quand il le jugera à propos.

Heureux ceux qui souffrent
avec lui, accoûtumez-vous à
y souffrir, & demandez-lui des
forces pour souffrir tout ce
qu'il voudra & autant de tems
qu'il jugera vous estre neceffaire. Le monde ne comprend
pas ces veritez, & je ne m'en
étonne pas, c'est qu'ils souffrent en gens du monde & non
pas en chrestiens : ils regardent les maladies comme des
peines de la nature & non pas
comme des graces de Dieu, &
par cet endroit ils n'y trou-
vent rien que de contraire &
de rude à la nature, mais ceux
qui les considerent venans de
la main de Dieu, comme des
effets de sa misericorde, & des
moïens dont il se sert pour
leur salut, y goûtent ordinai-

rement de grandes douceurs
& de sensibles consolations.

Je voudrois que vous vous
puissiez persuader que Dieu
est souvent plus prés de nous
dans le tems des maladies &
des infirmités , que lors que
nous jouissons d'une parfaite
santé , ne cherchez pas d'autre médecin que lui, à ce que
je peux comprendre , il veut
vous guerir seul ; mettés toute vôtre confiance en lui, vous
en verrez bien-tôt les effets,
que nous retardons souvent
par une plus grande confiance
aux remedes qu'en Dieu.

Quelques remedes dont vous
vous serviés , ils n'agiront
qu'autant qu'il le permettra :
quand les douleurs viennent
de Dieu , lui seul les peut gue-

rir : il nous laiffe fouvent les
maladies du corps pour guerir
celles de l'ame. Confolez-vous
avec le fouverain medecin des
ames & des corps.

Je prévois que vous me direz
que je l'ay fort aifé, que je
bois & mange à la table du
Seigneur, vous avez raifon :
mais penfez-vous que ce feroit
une petite peine au plus grand
criminel du monde de manger
à la table du Roy, & d'être
fervi de fes mains, fans être
pourtant affeuré de fon pardon, je crois qu'il en reffenti-
roit une tres-grande peine que
la feule confiance en la bonté
de fon Souverain pourroit moderer : Auffi puis-je vous affeu-
rer que quelque douceur que
je reffente en beuvant & man-

geant à la table de mon Roy, mes pechez toûjours prefens devant mes yeux, auffi-bien que l'incertitude de mon pardon, me tourmentent ; quoyqu'à la verité la peine me foit agreable.

Contentez-vous de l'état où Dieu vous a mis , quelque heureux que vous me croyiez, je vous porte envie. Les douleurs & les fouffrances me feront un paradis quand je fouffriray avec Dieu, & les plus grands plaifirs me feroient un enfer, fi je les goûtois fans lui, tonte ma confolation feroit de fouffrir quelque chofe pour lui.

Je fuis bien-tôt fur le point d'aller voir Dieu, je veux dire, de lui aller rendre compte.

Car si j'avois veu Dieu un seul
moment, les peines du Purgatoire me seroient douces,
deussent-elles durer jusqu'à la
fin du monde. Ce qui me con-
solé en cette vie, est que je
vois Dieu par la foy; & je le
vois d'une maniere qui pourroit me faire dire quelquefois:
Je ne crois plus, mais je vois,
j'experimente ce que la foy
nous enseigne; & sur cette as-
seurance & cette pratique de
la foy je vivray & mourray
avec lui.

Tenez-vous donc toûjours
avec Dieu, c'est le seul & unique soulagement à vos maux;
je le prieray de vous tenir com-
pagnie. Je saluë la Reverende
Mere Prieure, je me recom-
mande à ses saintes prieres; à

celles de la fainte Communauté & aux vôtres, & fuis en nôtre Seigneur,

Vôtre, &c.

Ce 17. Nov. 1690.

XII. LETTRE.

A la Reverende Mere, N.

MA REVERENDE MERE,

Puifque vous fouhaitez avec tant d'empreffement que je vous faffe part de la methode que j'ay gardée pour arriver à cet état de prefence de Dieu, où nôtre Seigneur par fa mifericorde a bien voulu me mettre : je ne peux vous celer

que c'est avec bien de la répugnance que je me laisse gagner
à vos importunités, mais encore avec cette condition que
vous ne communiquerez ma
lettre à personne. Si je sçavois que vous dussiez la faire
voir, tout le desir que j'ay de
vôtre perfection ne seroit pas
capable de m'y résoudre. Voicy ce que je peu vous en dire :

Ayant trouvé dans plusieurs
livres des méthodes differentes pour aller à Dieu, & di-
verses pratiques de la vie spirituelle, j'ay cru que cela ser-
viroit plutôt à embarasser mon
esprit qu'à me faciliter ce que
je prétendois. & que je cher-
chois, & qui n'étoit autre
chose qu'un moyen d'être tout
à Dieu ; ce qui me fit résou-

dre à donner le tout pour le
tout ; ainſi aprés m'être donné tout à Dieu en ſatisfaction
de mes pechez , je renonçay
pour ſon amour à tout ce qui
n'étoit point lui , & je com-
mençay à vivre comme s'il n'y
avoit que lui & moy au monde ; je me conſiderois quelquefois devant lui comme un
pauvre criminel & aux pieds
de ſon Juge , d'autrefois je le
regardois dans mon cœur
comme mon Pere , comme
mon Dieu : je l'y adorois le
plus ſouvent que je pouvois,
tenant mon eſprit en ſa ſainte
preſence, & le rapellant autant de fois que je l'en trouvois diſtrait. Je n'eus pas peu
de peine à cet exercice que
je continuois malgré toutes

les difficultés que j'y rencon-
trois, sans me troubler ni m'in-
quieter, lors que j'étois distrait involontairement : Je ne
m'y occupois pas moins pendant la journée que pendant
mes oraisons ; car en tout tems,
à toute heure & à tout moment, dans le plus fort même
de mon travail je banissois &
éloignois de mon esprit tout
ce qui étoit capable de m'ôter
la pensée de Dieu.

Voilà, ma Reverende Mere,
ma pratique ordinaire depuis
que je suis en Religion, quoique je ne l'aye pratiquée qu'a-
vec beaucoup de lâcheté &
d'imperfections ; j'en ay cependant receu de tres-grands
avantages, je sçay bien que
c'est à la misericorde & à la

bonté du Seigneur qu'il faut
les attribuer, puiſque nous ne
pouvons rien ſans lui, & moy
encore moins que tous les autres ; mais lors que nous ſom-
mes fidels à nous tenir en ſa
ſainte preſence, à le conſiderer toûjours devant nous, outre que cela nous empêche de
l'offenſer, & de rien faire qui
lui puiſſe déplaire au moins
volontairement ; c'eſt qu'à force de le conſiderer de la ſorte nous prenons une ſainte liberté pour lui demander les
graces dont nous avons beſoin.
Enfin c'eſt qu'à force de réïterer ces Actes, ils nous de-
viennent plus familieres, & la
preſence de Dieu devient
comme naturelle. Remer-
ciez-le, s'il vous plaît, avec

moy de sa grande bonté à mon égard, que je ne peux assez admirer pour le grand nombre des graces qu'il a fait à un aussi miserable pecheur que moy, il soit beni de tout. *Amen.* Je suis en nôtre Seigneur,

Vôtre, &c.

Cette Lettre est sans datte.

XIII. LETTRE.

A la Reverende Mere, N.

M A BONNE MERE,

Si nous étions bien habitués dans l'exercice de la presence de Dieu, toutes les maladies du corps nous seroient legeres, souvent Dieu permet

que nous souffrions un peu
pour purifier nôtre ame , &
nous obliger de demeurer a-
vec luy ; je ne peux comprendre qu'une ame qui est avec
Dieu , & qui ne veut que luy ,
soit capable de peine , j'ay
même assez d'experience pour
n'en pas douter.

Prenez courage , offrez-luy
sans cesse vos peines , deman-
dez-luy des forces pour les
souffrir , sur tout accoûtumez-
vous à vous entretenir souvent avec luy , & ne l'oubliez
que le moins que vous pour-
rez , adorez-le dans vos infirmitez , offrez-luy de tems
en tems , & dans le plus fort
de vos douleurs demandez-
luy humblement & amoureu-
sement , comme un enfant
à son

a son bon pere, la conformi-
té à sa sainte volonté , & le
secours de sa grace : je vous
y aiderez par mes pauvres &
chetives prieres.

Dieu a plusieurs moyens
pour nous attirer à luy, il se
cache quelquefois de nous ,
mais la foy seule qui ne nous
manquera pas au besoin ,
doit être nôtre soûtien, & le
fondement de nôtre confiance qui doit être toute en Dieu.

Je ne sçay ce que Dieu veut
faire de moy , je suis toûjours plus content : tout le
monde souffre, & moy qui de-
vrois faire des penitences ri-
goureuses, je sens des joyes
si continuelles & si grandes ,
que j'ay de la peine à les moderer.

H

Je demanderois volontiers à Dieu une partie de vos douleurs, si je ne connoissois ma foiblesse qui est si grande, que s'il me laissoit pour un moment à moy-même, je serois le plus miserable de toutes les creatures, je ne sçay cependant comment il pourroit me laisser seul, puisque la foy me le fait toucher au doigt, & qu'il ne s'éloigne jamais de nous que nous ne nous en éloignons les premiers, craignons de nous en éloigner, soyons toûjours avec luy, vivons & mourons avec luy, priez-le pour moy, & moy pour vous,

28. *Novembre* 1690.

Vôtre &c.

XIV. LETTRE.

A la même.

MA BONNE MERE,

J'ay de la peine de vous voir
si long-tems souffrir, ce qui
adoucit la compassion que
j'ay de vos douleurs, est que
je suis persuadé quelles sont
des preuves de l'amour que
Dieu a pour vous, regardez-
les par cet endroit, elles vous
feront faciles à supporter, ma
pensée est que vous quittiez
tous les remedes humains,
que vous vous abandonniez
entierement à la divine Providence, peut-être Dieu n'attend-il que cet abandon &

H ij

une parfaite confiance en luy
pour vous guerir : puisque
malgré tous vos soins les remedes n'ont pas l'effet qu'ils
devroient avoir , qu'au contraire le mal s'augmente, ce
n'est plus tenter Dieu de s'a-
bandonner entre ses mains ,
& attendre tout de luy.

Je vous ay déja dit dans ma
derniere que quelquefois il
permet que le corps souffre
pour guerir la maladie de nos
ames, soyez courageuse, faites de necessité vertu, deman-
dez à Dieu , non pas d'être
délivrée des peines du corps,
mais des forces pour souffrir
courageusement pour son a-
mour tout ce qu'il voudra &
aussi long-tems qu'il luy plaira.

Ces prieres sont à la verité un peu dures à la nature,
mais tres-agreables à Dieu, &
douces à ceux qui l'aiment,
l'amour adoucit les peines &
lors qu'on aime Dieu, on souffre pour luy avec joye & avec
courage ; faites-le je vous en
prie, consolez-vous avec celuy qui est le seul & unique
remede à tous nos maux, il
est le pere des affligez, toûjours prest à nous secourir, il
nous aime infiniment plus que
nous ne pensons, aimez-le
donc, ne cherchez plus d'autre soûlagement qu'en luy ;
j'espere que vous le receve-
rez bien-tôt : adieu je vous y
aideray par mes prieres toutes pauvres quelles sont, &
H iij

ferez toûjours en Nôtre-Seigneur,

Vôtre &c.

Et plus bas, ce matin jour de
faint Thomas j'ay communié
à vôtre intention.

XV. LETTRE.

A la même.

A MA TRES-CHERE
Mere .. N ..

MA TRES-CHERE MERE,

Je rends graces au Sei-
gneur de vous avoir un peu
foûlagé felon vôtre defir, j'ay
été bien des fois preft à expi-
rer, quoyque je n'euffe ja-

mais été fi content, auffi n'ay-
je pas demandé de foûlage-
ment, mais j'ay demandé des
forces pour fouffrir coura-
geufement, humblement,
& amoureufement ; prenez
courage, Ma tres-chere Mere, ah qu'il eft doux de fouffrir avec Dieu, quelques grandes que foient les fouffrances,
prenez-les avec amour, c'eft
un Paradis de fouffrir & d'être
avec luy, auffi fi nous voulons joüir dés cette vie de la
paix du Paradis, il faut nous
habituer à un entretien familier, humble & amoureux a-
vec luy, il faut empêcher que
nôtre efprit ne s'en éloigne
pour quelque occafion que ce
foit, il faut luy faire de nôtre cœur un temple fpirituel

où nous l'adorions fans ceffe ,
il faut veiller fans relâche fur
nous, même pour ne rien faire
ni rien dire , & ne rien penfer
qui luy puiffe déplaire , lors
que nous ferons ainfi occu-
pez de Dieu , les fouffrances
n'auront plus que des douceurs , des onctions , & des
confolations.

Je fçay que pour arriver à
cet état le commencement
eft fort difficile , qu'il faut agir
purement en foy , nous fça-
vons auffi que nous pouvons,
tout avec la grace du Seigneur , qu'il ne la refufe pas
à ceux qui la luy demandent
avec inftance : frappez à fa
porte, perfeverez à fraper &
je vous répons qu'il vous ou-
vrira en fon tems , fi vous ne

vous rebuttez pas, & qu'il
vous donnera tout d'un coup
ce qu'il aura differé durant
plusieurs années, adieu priez-
le pour moy, comme je le
fais pour vous, j'espere de le
voir bien-tôt, je suis tout à
vous en Nôtre-Seigneur,

22. Janvier 1691.

XVI. LETTRE.

A la même.

MA BONNE MERE,

Dieu sçait tres-bien ce qu'il
nous faut, & tout ce qu'il fait
est pour nôtre bien ; si nous
sçavions combien il nous aime, nous ferions toûjours

prests à recevoir également.
de sa main le doux & l'amer,
& les choses mêmes les plus
penibles & les plus dures,
nous seroient douces & agreables : les peines les plus difficiles ne paroissent ordinairement insupportables, que.
par l'endroit que nous les re-
gardons,& lors que nous sommes persuadez que c'est la
main. de Dieu qui agit sur
nous, que c'est un pere plein
d'amour qui nous met dans
les états d'humiliation, de
douleur & de souffrance, toute l'amertume en est ôtée, &
elles n'ont que de la douceur.

Occupons-nous entierement
à connoître Dieu, plus on le
connoît plus on desire de le
connoître, & comme l'amour

se mesure ordinairement par la connoissance, plus la connoissance aura de profondeur & d'étenduë, plus l'amour sera grand, & si l'amour est grand, nous l'aimerons également dans les peines & les consolations.

Ne nous arrêtons pas à chercher ou à aimer Dieu pour les graces qu'il nous a faites quelques élevées quelles puissent être, ou pour celles qu'il nous peut faire, ces faveurs pour grandes quelles soient ne nous approcheront jamais si prés de luy, que la foy nous en approche par un simple acte ; cherchons-le souvent par cette vertu, il est au milieu de nous, ne le cherchons point ailleurs, ne sommes-nous pas incivils & même coupables de le laiffer feul , nous occupant de mille & mille bagatelles qui luy déplaifent , & peut-être qui l'offenfent , il les fouffre pourtant , mais il eft bien à craindre qu'un jour elles ne nous coûtent beaucoup.

Commencons d'être à luy tout à bon , banniffons de nôtre cœur & de nôtre efprit tout ce qui n'eft point luy, il veut être feul, demandons luy cette grace , fi nous faifons de notre part ce que nous pourrons , nous verrons bien-tot en nous le changement que nous efperons, je ne peux affez le remercier du peu de relâche qu'il vous a donné, j'efpere de fa mifericorde la gra-

ce de le voir dans peu de
jours, prions-le les uns pour
les autres : je suis en Notre-
Seigneur ,

6. *Février* 1691.

Votre &c.

APPROBATION.

J'Ay lû ce manuscrit & ces
lettres. Fait à Paris le 23.
Novembre 1691.

CourCIER Theologal
de Paris.

VEu l'Approbation. Per-
mis d'imprimer. Fait ce
30. Novembre 1691.

DE LA REYNIE.

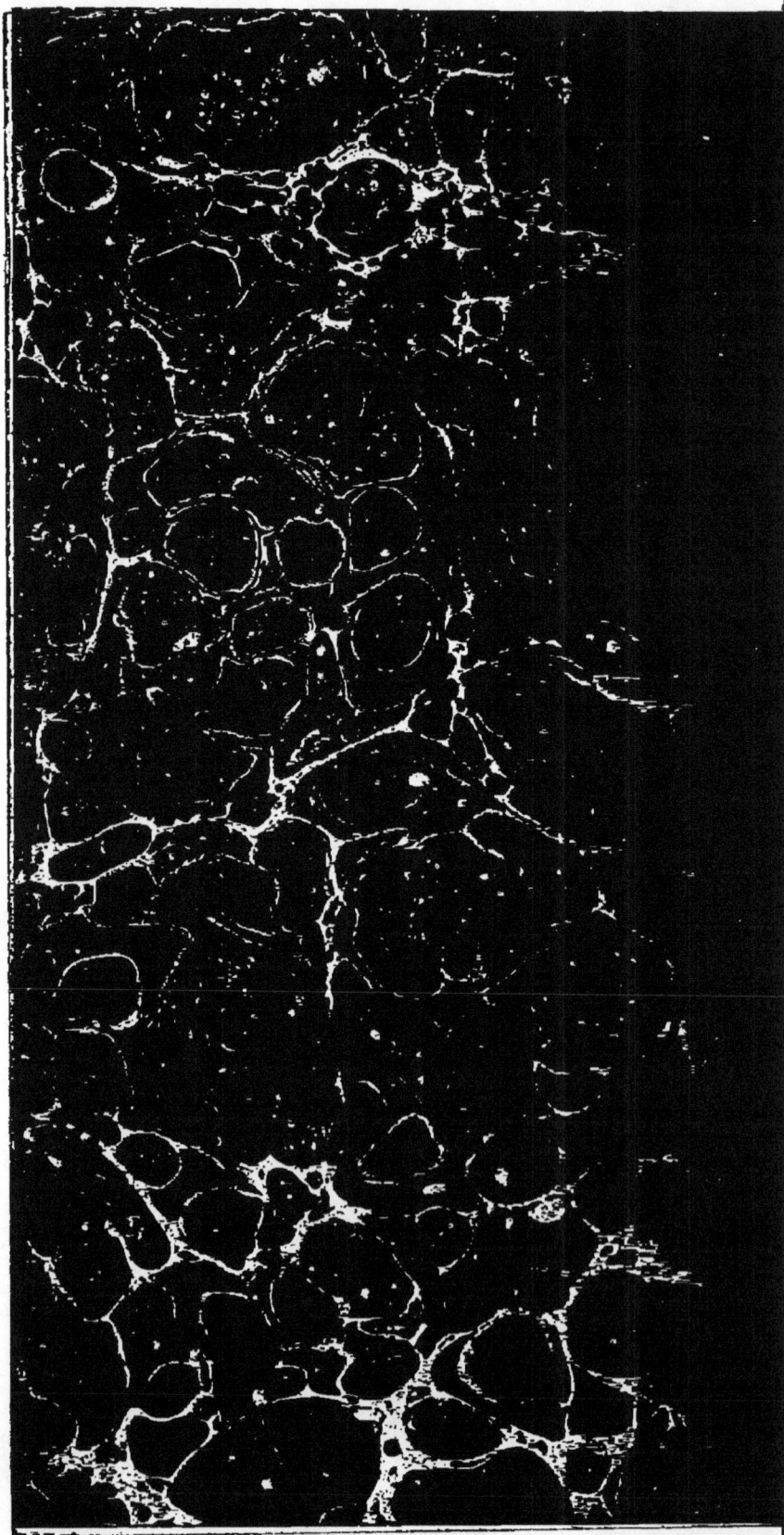

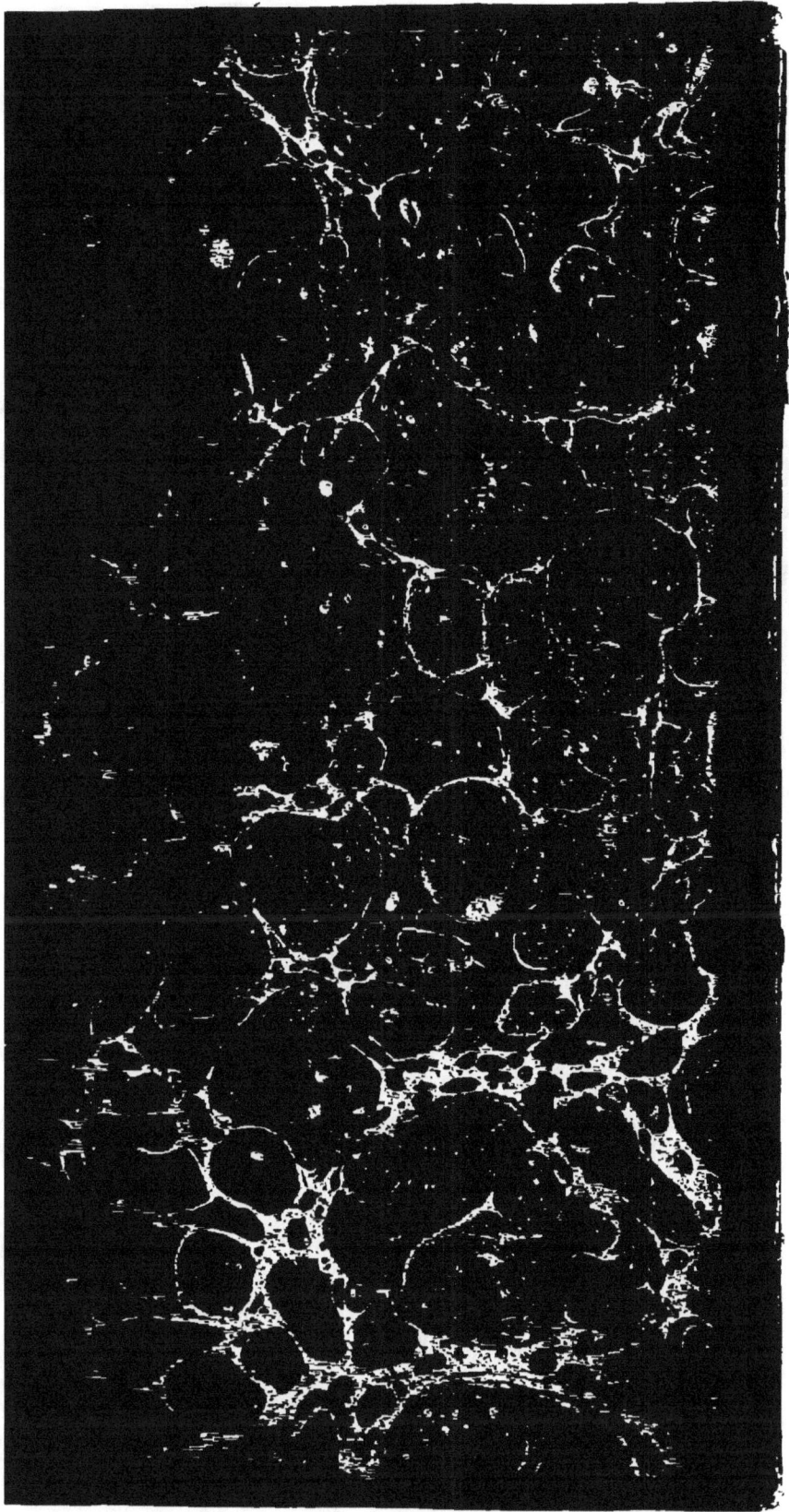

www.ingramcontent.com/pod-product-compliance
Lightning Source LLC
Chambersburg PA
CBHW071959090426
42740CB00011B/2004